ChatGPT X
Excel

엑셀 활용법 UP!

업무 효율이 10배 오르는

VBA 매크로 작성

챗GPT

간편한 데이터 활용 리포트

엑셀
활용법

업무 자동화

다케이 가즈미 지음 구수영 옮김

엑셀 초보에서 고수되기!
엑셀 활용의 고민, 챗GPT로 해결한다!

문의 안내

이 책을 구입해 주셔서 감사합니다.
문의 방법에 대해 다음 사항을 참고해 주시기 바랍니다.

출판사 홈페이지 문의

(주)AK커뮤니케이션즈 홈페이지의 [고객센터]에서 1:1 문의를 이용해 주세요. 질문 내용에 따라서는 답변을 드리기까지 며칠 이상 기간이 요구되는 경우가 있습니다.

http://www.amusementkorea.co.kr/

텍스트 생성형 AI인 챗GPT(ChatGPT)는 2022년 11월에 서비스를 시작한 지 일주일 만에 100만 명의 회원을 모집하며 전 세계의 주목을 받았습니다. 채팅하듯 챗봇에 질문을 입력하는 것만으로 AI를 이용할 수 있다는 매력이 사람들에게 큰 인기를 끌었습니다.

그 이후에도 챗GPT는 성능을 개선하고 학습력을 높인 모델을 꾸준히 선보이고 있으며, 출시 당시보다 답변의 정확도도 상당히 높아졌습니다. 챗GPT는 그야말로 하루가 다르게 발전하고 있습니다. 지금도 꾸준히 사용자 수를 늘려가며 현재는 주간 사용자 수가 2억 명을 넘어선 상태입니다.

챗GPT는 다양한 업무, 특히 기업 사무 작업에 활용할 수 있기에 챗GPT 덕에 업무 효율이 높아졌다고 느끼는 분도 많을 것입니다. 자신만의 활용법을 찾아 업무뿐 아니라 취미, 일상 작업, 리스킬링(Reskilling) 등에도 도입하여 생산성 향상을 목표로 하는 분도 있으리라 믿습니다.

특히 사무 작업에서 엑셀과 조합하여 다양한 작업을 효율화하는 사용자도 적지 않습니다. 전작 『10배 빠른 속도로 성과가 난다! 챗GPT의 놀라운 기술(10倍速で成果が出る！ChatGPTスゴ技大全)』에서도 챗GPT를 엑셀에 활용하는 방법을 소개했지만, 이 부분과 관련하여 조금 더 실제 사례 등을 들어 자세히 설명해 달라는 요청을 받아 이 책을 집필하게 되었습니다.

이제 많은 기업에서 엑셀은 빼놓을 수 없는 도구로 자리 잡았습니다. 다양한 업무를 엑셀을 통해 편리하게 처리하는 사람도 많습니다. 특히 유용한 함수를 익히고 수식을 활용함으로써 기존에는 몇 시간씩 걸리던 작업을 단 몇 분 만에 끝낼 수 있게 된 사례가 셀 수 없이 많습니다.

이러한 작업은 엑셀 매크로를 사용하면 더욱 효율적이고 편리하게 구현할 수 있습니다. 하지만 매크로까지는 도저히 손을 댈 수 없고, 공부할 시간도 없어서 고민하는 분도 많지 않을까요?

그 고민을 챗GPT와 상담해 보세요. 어떻게 하고 싶은지 챗GPT에 질문하면 이를 구현하기 위한 함수, 수식, 나아가 매크로까지 즉시 답변해 줍니다.

하고 싶은 것, 구현하고 싶은 기능을 챗GPT에 구체적으로 말하면 이를 위한 매크로 코드를 바로 표시해 줍니다. 이 코드를 복사&붙여넣기만 하면 지금까지는 어려워서 손도 대지 못하던 작업도 매크로를 통해 순식간에 실현할 수 있습니다. 그야말로 사무 자동화라고 할 수 있겠죠.

챗GPT와 엑셀을 조합하면 엑셀에 익숙하지 않은 사용자도 평소에 하던 작업을 자동화할 수 있다는 말입니다.

챗GPT와 엑셀을 이용해 조금 더 편하게 일하고 싶다, 데이터만 입력하면 자동으로 시각화 및 분석까지 이루어지면 좋겠다, 자동화로 업무 효율을 높이고 싶다. 이런 희망을 가진 많은 분들께 이 책이 도움이 되었으면 합니다.

2024년
다케이 가즈미(武井一巳)

CHAPTER 03   엑셀 함수·매크로 알아보기

목차

CHAPTER 01

챗GPT × 엑셀은 최강의 비즈니스 도구

2022년 11월에 등장한 생성형 AI인 챗GPT는 단 일주일 만에 회원 수 100만 명을 돌파했고, 2개월 후 1억 명의 사용자가 이용하는 폭발적인 인기를 얻었습니다.

챗GPT는 텍스트 생성형 AI, 대화형 생성 AI, 챗봇 등으로도 불리는 **대화(채팅) 형태의 문장 생성형 AI**입니다. 생성형 AI란 대규모 언어 모델을 사용해 사전에 방대한 양의 데이터를 학습시킨 머신러닝 모델입니다.

이 대규모 언어 모델에는 여러 가지 방식이 개발되어 있는데, 챗GPT가 사용하는 것은 GPT(Generative Pre-trained Transformer)라고 불리는 것으로 '사전에 언어 학습을 시킨 문장 생성기'라고 번역할 수 있습니다.

캘리포니아주에 설립된 영리법인인 오픈AI(OpenAI LP)와 그 모기업인 비영리법인 OpenAI Inc.가 AI 분야 개발을 담당하여 GPT-3라는 언어 모델을 개발했습니다. 이를 통해 인간과 다를 바 없는 자연스러운 문장을 생성할 수 있게 된 것입니다.

챗GPT는 현재 GPT-4o, GPT-4o mini 등의 언어 모델을 채택하고 있으며, 이를 활용한 생성형 AI를 누구나 무료로 이용할 수 있습니다. 다만 무료 버전의 경우 데이터 분석, 파일 업로드, 비전, 웹 탐색, 이미지 생성 등의 기능은 사용에 일부 제한이 있습니다. 유료 버전의 경우 이러한 제한이 없으며, 상기 모델에 더해 GPT-4, OpenAI o1-preview, OpenAI o1-mini 등의 언어 모델도 이용할 수 있습니다.

이 책은 무료로 이용 가능한 GPT-4o와 GPT-4o mini 모델을 바탕으로 작성되었지만, 모델에 차이는 있더라도 기본적인 이용 방식에는 차이가 없다고 이해하셔도 좋습니다.

▼ 답변에는 오류가 있으므로 주의가 필요

컴퓨터가 문장을 생성한다고는 하지만, 이것은 컴퓨터가 스스로 생각해서 문장을 작성하는 것이 아니라 사전에 방대한 양의 데이터를 학습시켜 놓고 질문이나 명령이 주어지면 그 답변으로 적합한 문장을 단어의 출현 확률에 따라 정렬하여 마치 사람이 생각해서 만든 것처럼 문장을 출력하는 것이 바로 GPT입니다.

따라서 GPT는 인공지능이 실용화되어 컴퓨터가 스스로 생각하게 되었다는 꿈같은 이야기가 아니라 학습한 데이터에 따라 단어를 조합하여 그럴싸한 답을 만들어내는 기능에 불과합니다.

따라서 **챗GPT의 답변에는 종종 오류가 포함되어 있습니다.** 이를 할루시네이션(환각)이라고 하며, 사실에 근거하지 않은 정보를 생성하는 현상을 말합니다. 이는 원래 정신의학 용어로, 환각제 등에 의해 나타나는 인간의 환각이나 망상처럼 GPT 역시 환각이나 거짓말을 답하는 것입니다.

GPT는 방대한 데이터로 사전 학습되어 있지만 학습된 데이터에 오류가 있거나 데이터에 편향이 있는 경우 생성되는 문장에도 오류가 포함될 수 있습니다. GPT는 자신이 생성한 문장의 내용이 정확한지 판단하지 못합니다. 단어와 단어의 연결 확률에 기반하여 문장을 생성하기 때문에 그 내용이 맞는지 아닌지 판단할 수 없고, 그 결과 할루시네이션이 발생하게 됩니다.

> **주의!**
>
> 챗GPT의 답변에는 오류가 포함될 수 있다.

▼ 생산성이 10배 이상 향상!

챗GPT가 현재 큰 인기를 끌고 있지만 기본적으로 생성형 AI란 이런 구조로 문장을 만들어낸다는 사실을 기억해야 합니다.

하지만 오류나 할루시네이션이 있고 거짓말을 아무렇지 않게 하는 등의 문제가 있다고 해도, 챗GPT를 통해 **기존의 업무와 일상적인 작업을 자동화할 수 있게 되어 업무 생**

산성을 높일 수 있게 되었다는 점은 분명합니다.

실제로 사용해 보면 알겠지만, 예를 들어 새로 출시하는 상품이나 서비스의 보도자료를 작성할 때 지금까지는 상품명, 특징, 그 상품이나 서비스로 무엇을 할 수 있는지, 가격, 출시 시기 등의 정보를 바탕으로 자사 방식에 맞는 보도자료나 내용, 문장을 고민하며 작성했을 테죠. 이러한 작업을 끝내기 위해서는 빠르면 하루, 잘 풀리지 않으면 2~3일 정도 걸렸을 겁니다.

그런데 앞서 언급한 것과 같은 정보를 챗GPT에 입력하고 이를 바탕으로 보도자료를 작성해 달라고 요청하면 다음과 같이 불과 10초 만에 제대로 된 보도자료를 표시해 줍니다.

항목별로 조건을 지정하는 것만으로 보도자료가 순식간에 생성되어 표시된다.

물론 그대로 활용하기에는 다소 아쉬운 부분이 있을 수 있습니다. 하지만 답변받은 텍스트를 조금만 손질하면 순식간에 평소와 같은 보도자료로 정형화할 수 있습니다. 보통은 하루 혹은 2~3일이 걸리던 보도자료 작성을 단 1~2시간 만에 완성할 수 있다는 말이죠.

이것이 바로 챗GPT로 대표되는 생성형 AI를 활용한 업무 방식입니다. 업무에 따라서는 생산성이 10배 이상 향상되는 부서도 있을 것입니다. 생성형 AI를 활용하는 노하우를 익히면 생산성은 물론 업무의 효율성이 놀라울 정도로 높아질 수 있습니다.

포인트

생성형 AI를 활용하는 노하우를 익히면 업무 효율이 비약적으로 향상된다.

1-02 챗GPT로 텍스트 생성하기

컴퓨터와 대화하면서 원하는 문장을 작성해 나간다.

챗GPT는 텍스트 생성형 AI이기에 할 수 있는 일은 문장을 생성시키는 것입니다. 한국어, 영어 혹은 다른 언어의 문장을 생성할 수 있습니다.

또한 프로그램도 만들어 달라고 할 수 있습니다. 컴퓨터 프로그램은 대부분 문자로 텍스트로 써서 작성하는 경우가 많은데, 이것도 문장이라고 생각하면 챗GPT에 프로그램을 생성하게 할 수도 있다는 말이 됩니다.

챗GPT는 프로그램을 생성할 수도 있다.

챗GPT 서비스를 제공하는 OpenAI에서는 이미지나 사진 등을 생성하는 **DALLE-3** 도 제공하며, 이미지나 사진 등을 생성할 때는 이 DALLE-3 모델을 자동으로 연동해서 이미지를 생성해 줍니다. 예를 들어 챗GPT에 '서울의 종로 이미지를 만들어 줘'라고 지정하면 DALLE-3 모델을 이용해 해당 명령을 실행해 주는 식입니다.

> **메모**
>
> 챗GPT의 모델 자체로는 문장 이외의 것, 예를 들어 이미지나 사진 등은 생성할 수 없다. 다만 챗GPT는 DALLE-3를 이용해 이런 기능도 구현하고 있다.

서울의 종로 이미지를 만들어 줘

Here is the image of Jongno in Seoul that you requested! It captures the mix of modern and traditional elements that characterize the area. Let me know if you'd like any adjustments!

챗GPT를 이용해 이미지를 생성시킨다.

▼ 답변을 끌어내기 위해서는 프롬프트 입력이 필요

챗GPT는 텍스트를 생성해 주는 생성형 AI인데, 이를 위해서는 어떤 문장을 생성할 것인지 명령해야 합니다. 이를 '**프롬프트**'라고 부릅니다.

챗GPT에 로그인하면 화면 오른쪽에 프롬프트와 그에 대한 답변이 표시되는 화면이 표시되는데, 이 화면의 하단에 '메시지 챗GPT'라고 적힌 상자가 있습니다. 이 상자가 프롬프트입니다. 여기에 챗GPT가 생성할 답변의 명령을 문장으로 입력합니다.

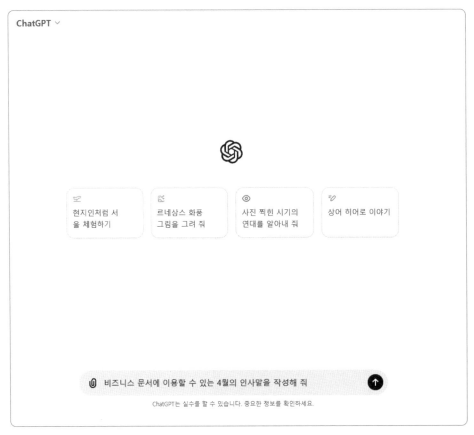

화면 하단의 박스에 명령을 입력한다.

예를 들어, '비즈니스 문서에 이용할 수 있는 4월의 인사말을 작성해 줘'라고 지정해 보겠습니다.

프롬프트를 최대한 구체적으로 지정해야 챗GPT가 생성하고 답변하는 문장의 정확도가 높아집니다. 프롬프트 지정이 모호한 경우 생각했던 것과는 다른 문장이 생성되어 표시될 수 있습니다.

생성할 문장을 지정한 후 Enter 키를 누르거나 상자 오른쪽 끝에 있는 '메시지 송신' 버튼을 클릭합니다. 그러면 불과 몇 초 지나지 않아 지정한 명령어에 따라 문장이 생성되어 화면에 표시됩니다.

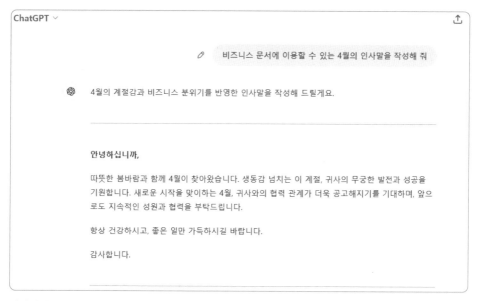

ChatGPT ˅

비즈니스 문서에 이용할 수 있는 4월의 인사말을 작성해 줘

4월의 계절감과 비즈니스 분위기를 반영한 인사말을 작성해 드릴게요.

안녕하십니까,

따뜻한 봄바람과 함께 4월이 찾아왔습니다. 생동감 넘치는 이 계절, 귀사의 무궁한 발전과 성공을 기원합니다. 새로운 시작을 맞이하는 4월, 귀사와의 협력 관계가 더욱 공고해지기를 기대하며, 앞으로도 지속적인 성원과 협력을 부탁드립니다.

항상 건강하시고, 좋은 일만 가득하시길 바랍니다.

감사합니다.

명령에 따른 문장이 표시된다.

포인트

프롬프트는 되도록 구체적으로 지정해야 정확도가 높은 답변을 얻을 수 있다.

챗GPT는 '**대화형 텍스트 생성 AI**'입니다. 대화형이란 컴퓨터와 마치 이야기를 나누는 것처럼 대화를 진행한다는 의미입니다.

표시된 챗GPT의 답변이 마음에 들지 않으면 이를 수정하는 것 역시 프롬프트로 명령할 수 있습니다. 예를 들어, '예문을 두 개만 더 작성해 줘', '4월이 아니라 초봄이라는 단어를 써서 다시 적어 줘'라는 식입니다.

ChatGPT ∨

이 인사말은 봄의 생동감을 전하면서도 비즈니스 파트너에 대한 존중과 협력 의지를 표현하는 데 적합합니다.

예문을 두 개만 더 작성해 줘

물론입니다. 추가로 두 가지 예문을 더 작성해 드릴게요.

안녕하십니까,

싱그러운 봄기운이 가득한 4월입니다. 새로운 도약을 준비하는 이 시기에, 귀사의 모든 계획이 순조롭게 이루어지길 기원합니다. 저희도 귀사와의 긴밀한 협력을 통해 상호 발전할 수 있도록 최선을 다하겠습니다.

항상 변함없는 신뢰와 협조에 감사드리며, 건강과 행복이 함께하시길 바랍니다.

감사합니다.

↓

안녕하십니까,

🔗 메시지 ChatGPT

ChatGPT는 실수를 할 수 있습니다. 중요한 정보를 확인하세요.

컴퓨터와 대화를 진행함으로써 문장을 고쳐 나간다.

챗GPT의 답변 중 문장 앞에 번호가 매겨져 있는 경우 '○번 문장을 고쳐 줘'와 같이 지정할 수도 있습니다.

이렇게 컴퓨터와 대화하면서 원하는 문장을 만들어 가는 것이 챗GPT의 기본적인 사용법입니다.

> **메모**
>
> 유료 버전, 무료 버전을 불문하고 프롬프트에 지정할 수 있는 최대 글자 수는 토큰이라는 단위에 의해 제한된다. 토큰이란 챗GPT와 같은 언어 모델에서 사용되는 데이터 처리의 기본 단위를 말하며, 기준이 되는 토크 수는 이용하는 언어 모델마다 다르다.

챗GPT를 이용한 기본적인 문장 생성 방법은 어떤 문장을 생성하고 싶은지를 프롬 프트로 지정하는 것입니다. 그런데 이때 그 문장의 출력 방식 또한 지정할 수 있습니다. 다시 말해 **챗GPT의 답변 내용을 지정**할 수도 있다는 말이죠.

예를 들어, '서울의 구 중 인구가 많은 상위 10개 구를 알려 줘'라고 지정하면 보통 다음과 같이 문장으로 답변해 줍니다.

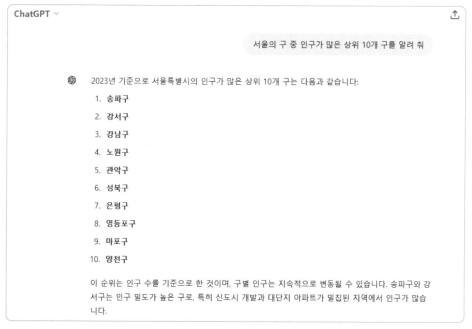

서울에서 인구가 많은 상위 10개의 구를 표시하게 했다.

챗GPT는 상위 10위권 순위를 쉽게 알 수 있도록 각 구의 이름 앞에 번호를 매겨서 답변했습니다.

일반적인 문서에 활용한다면 이 정도면 괜찮을 테죠. 하지만 이런 순위를 문서 안에 표 형식으로 삽입하고 싶을 때도 있지 않나요? 그럴 때는 다음과 같이 지정합니다.

> ○ '서울의 구 중 인구가 많은 상위 10개 구를 인구수도 포함해서 표 형식으로 알려 줘'

처음 지정하여 표시되는 답변 후에 간단히 '인구수도 포함해서 표 형식으로 표시해 줘'라고 지정하더라도 마찬가지로 표 형식으로 수정하여 답변해 줍니다.

챗GPT는 대화형 텍스트 생성 AI이기에 이런 식으로 대화하는 방식으로 이용할 수도 있습니다.

ChatGPT ˅

> 서울의 구 중 인구가 많은 상위 10개 구를 인구 수도 포함해서 표 형식으로 알려 줘

서울특별시의 인구가 많은 상위 10개 구와 인구 수를 표로 정리해 드리겠습니다. (2023년 기준)

순위	구 이름	인구 수 (명)
1	송파구	639,938
2	강서구	619,504
3	강남구	535,338
4	노원구	501,252
5	관악구	494,558
6	성북구	432,315
7	은평구	446,962
8	영등포구	391,781
9	마포구	366,058
10	양천구	455,426

이 표는 서울특별시에서 인구가 많은 상위 10개 구를 인구 수와 함께 표시한 것입니다. 각 구의 인구 수는 연도별로 변동될 수 있습니다.

표 형식으로 답변하게 할 수도 있다.

▼ CSV 형식으로 표시하는 방법

나아가 이 표를 **CSV 형식**으로 표시하게 해 보죠. CSV 형식이란 텍스트 데이터를 여러 필드로 나누고, 이를 쉼표나 탭 등으로 구분하여 기재한 데이터입니다. 파일 형식으로는 '.csv'라는 확장자가 붙지만, 화면으로 표시할 때는 쉼표나 탭 등으로 구분된 문자로만 구성된 데이터입니다.

여기까지 설명하지 않아도 금방 눈치챈 독자도 있을 것입니다. CSV 형식으로 출력된 데이터는 엑셀이나 구글 스프레드시트 등으로 쉽게 가져올 수 있습니다.

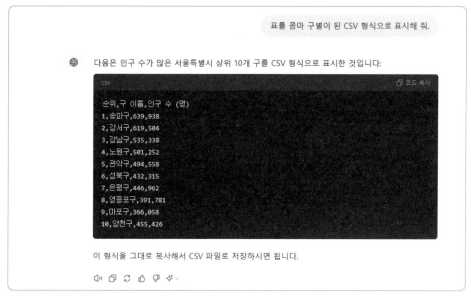

표 형식으로 표시된 답변을 CSV 형식으로 출력시켰다.

프로그래밍 언어를 인터넷상에 표시할 때와 마찬가지로 챗GPT에서는 CSV나 코드, CSS 등 일반 문장이 아닌 프로그래밍 코드나 스타일시트, CSV 형식 데이터 같은 것은 검정 배경으로 표시되며, 오른쪽 위의 '코드 복사' 버튼을 클릭하면 해당 부분을 컴퓨터의 클립보드에 복사할 수 있습니다.

포인트

'코드 복사' 버튼을 클릭하면 컴퓨터의 클립보드에 복사할 수 있다.

클립보드에 복사한 후 엑셀이나 구글 스프레드시트를 열고 '붙여넣기'를 통해 스프레드시트 프로그램에 붙여넣습니다.

붙여넣기를 한 직후 붙여넣은 데이터의 오른쪽 아래에 '붙여넣기 옵션' 버튼이 나타나므로 이를 클릭합니다. 그러면 메뉴가 표시되는데 여기에서 '텍스트 마법사 사용'을 클릭합니다. '텍스트 마법사' 대화 상자가 나타나면 '구분 기호로 분리됨' - '쉼표'를 선택하고, 마지막으로 데이터 형식을 '일반'으로 지정하고 '마침' 버튼을 클릭합니다.

01 엑셀에 CSV 형식의 데이터를 붙여넣는다.

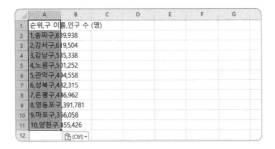

02 '텍스트 마법사 사용'을 클릭한다.

03 '구분 기호로 분리됨'을 선택하고(①), '다음'을 클릭한다(②).

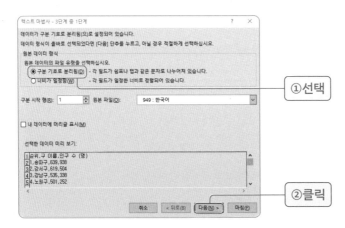

04 '쉼표'를 선택하고(①), '다음'을 클릭한다(②).

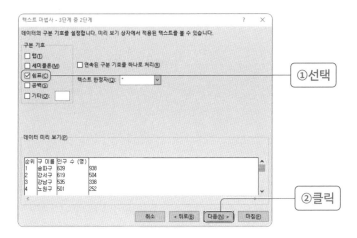

05 '일반'을 선택하고(①), '마침'을 클릭한다(②).

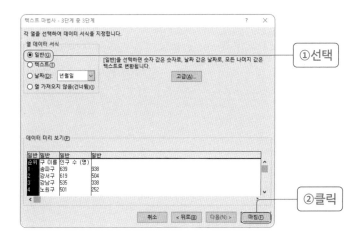

메모

CSV 형식으로 답변하게 할 때 구분 문자로 탭을 지정한 경우 이 대화 상자에서도
구분 문자로 '탭'을 지정한다. 출력한 CSV의 구분 문자에 맞춰 엑셀에서도 구분
문자를 올바르게 지정해야 한다.

06 챗GPT가 CSV 형식으로 답변한 데이터가 엑셀의 각 셀에 표 형식으로 붙여넣기 된다.

	A	B	C	D	E	F	G	H	I
1	순위	구 이름	인구 수 (명)						
2	1	송파구	639	938					
3	2	강서구	619	504					
4	3	강남구	535	338					
5	4	노원구	501	252					
6	5	관악구	494	558					
7	6	성북구	432	315					
8	7	은평구	446	962					
9	8	영등포구	391	781					
10	9	마포구	366	58					
11	10	양천구	455	426					
12									

이제 챗GPT가 답변해 준 표가 엑셀의 표로 바뀌었습니다. 실제로 해보시면 알겠지만 **실제로 챗GPT와 엑셀은 매우 상성이 좋습니다.**

업무상 문서를 작성할 때 워드나 엑셀을 사용하는 분도 많겠죠. 특히 엑셀은 숫자를 다룰 때 빼놓을 수 없는 소프트웨어입니다. 비용 정산, 신규 프로젝트 기획서 혹은 마케팅 자료 등 다양한 분야에서 엑셀을 활용하고 있을 것입니다.

챗GPT에서 문장을 생성하고 이를 표 형식(CSV 형식)으로 표시하게 한 후 엑셀에 그대로 붙여넣어 작업한다. 이렇게 챗GPT와 엑셀을 조합하면 업무 효율이 몇 배나 향상되고 생산성도 높아질 것입니다.

1-04 챗GPT × 엑셀로 무엇이 가능할까?

총 5가지의 사용법이 있다.

챗GPT의 답변을 CSV 형식으로 출력하면 생성된 텍스트 데이터를 그대로 엑셀에 붙여넣어 활용할 수 있지만, 챗GPT와 엑셀을 연동하여 활용하는 방법에는 몇 가지 방법이 더 있습니다.

① **챗GPT에서 생성한 텍스트를 엑셀에 붙여넣기**
② **엑셀의 함수를 챗GPT로 알아보기**
③ **엑셀의 매크로를 챗GPT로 생성하기**
④ **애드인을 써서 엑셀의 함수처럼 활용하기**
⑤ **VBA 프로그램에서 챗GPT를 사용하기**

이 5가지 사용법이 챗GPT와 엑셀을 조합하여 활용할 때의 비법입니다.

챗GPT 초보자나 엑셀 초보자라면 챗GPT × 엑셀이라는 활용법이 어렵게 느껴질 수 있을 것 같습니다. 하지만 업무에 엑셀을 사용한다면 챗GPT와 함께 사용하는 편이 훨씬 업무 효율이 높아진다는 점을 꼭 기억하세요.

▼ 조합하여 사용하면 다양한 상황에서 활용 가능

각각에 대해 간단히 설명하겠습니다. ①은 앞선 항목에서 설명한 바와 같습니다. 챗GPT의 응답을 CSV 형식으로 출력하면 그것을 그대로 엑셀의 표로 활용할 수 있습니다.

②는 문자 그대로 엑셀 함수를 챗GPT를 통해 알아보는 방법입니다. 엑셀에서는 **함수를 얼마나 현명하게 사용하는지**가 정확하고 효율적인 업무 수행을 위한 열쇠가 됩니다. 자주 사용하는 함수라면 잘 알고 있겠지만, 가끔 사용하는 함수는 어떻게 지정해야 할지 모를 수 있습니다. 챗GPT에 함수 사용법을 구체적으로 질문하면 어떤 함수

를 사용해야 하는지 혹은 그 함수에서는 무엇을 인자로 지정하면 되는지 등을 예시를 들어 설명해 줍니다.

③과 같이 매크로를 생성할 수도 있습니다. 엑셀에서는 매크로를 활용하면 보다 복잡한 작업을 할 수 있게 됩니다. 또한 매크로를 실행하여 다양한 작업을 자동화할 수도 있습니다.

엑셀의 매크로는 VBA(Visual Basic for Applications)라는 프로그래밍 언어로 지정합니다. 어느 정도 공부하지 않으면 매크로를 만들 수 없습니다. 또한 이미 매크로를 사용 중인 시트에서 그 매크로가 어떤 동작을 하고 있는지 판단하기도 어렵겠죠. 자신의 업무에 맞게 매크로를 수정하려면 VBA 관련 지식이 필요합니다.

이러한 VBA 및 매크로에 대해 **함수처럼 챗GPT에 질문하거나 기능이나 조작을 지정하여 매크로 그 자체를 생성하게 하는 것**도 가능합니다.

네 번째는 '④ 애드인을 써서 엑셀의 함수처럼 활용하기'입니다. 엑셀에서는 챗GPT를 함수로 지정해 몇 가지 기능을 수행하는 애드인이 배포되어 있습니다. 이러한 애드인들을 활용하여 함수처럼 제대로 활용하면 **엑셀을 통한 업무나 문서 작성도 크게 효율이 올라갑니다**.

마지막 ⑤는 챗GPT의 **API를 활용**하는 방법입니다. API란 Application Programming Interface의 머리글자를 딴 것으로, 프로그램이나 서비스 등을 연계하여 사용할 수 있도록 하는 시스템입니다. API를 이용하면 챗GPT를 외부에서 사용할 수 있으며, 엑셀과 조합하는 경우에는 VBA에서 지정하여 챗GPT를 작동하게 하고 그 결과를 엑셀로 가져오는 등의 순서로 사용하게 됩니다.

챗GPT와 엑셀을 조합하여 활용하는 방법은 이처럼 다양합니다. 챗GPT와 엑셀을 조합하면 평소 하던 일을 더욱 편리하고 효율적으로 수행할 수 있게 될 것입니다.

1-05 챗GPT가 잘하는 것, 못하는 것

문장 작성은 잘하지만, 계산은 약하다.

챗GPT와 엑셀을 조합하여 활용하기 전에 챗GPT가 잘하는 것, 반대로 잘하지 못하는 것은 무엇인지 파악해 두는 것이 좋습니다. **잘하는 것과 못하는 것을 제대로 파악해 두면, 엑셀과 어떻게 조합하면 더 효율적으로 활용할 수 있는지 알 수 있기 때문입니다.**

앞서 언급했듯이 챗GPT는 텍스트 생성형 AI이므로 문장을 만들거나 대화하는 것은 당연히 잘합니다. 이것은 한국어 뿐만 아니라 영어나 다른 언어에서도 마찬가지입니다. 게다가 다양한 언어를 사용할 수 있으므로 한국어를 영어로 번역하거나 반대로 영어를 한국어로 번역할 수도 있으며, 나아가 중국어를 영어로 번역하고 그 결과를 한국어로 표시하는 등의 작업도 가능합니다. 외국인과 업무를 함께하는 경우가 많은 경우 챗GPT는 큰 위력을 발휘할 수 있습니다.

챗GPT는 긴 문장을 요약하는 일도 잘합니다. 그대로 읽기에는 조금 긴 문장을 붙여 넣고 '400자로 요약해 줘' 등으로 지정하면 쉽게 요약해 줍니다.

> **주의!**
>
> 생성할 글자 수를 지정해도 챗GPT는 글자 수를 제대로 지키지 않는다. 특히 너무 짧은 글자 수나 반대로 너무 긴 글자 수를 지정하는 경우 챗GPT는 지정한 글자 수에 맞게 텍스트를 생성해 주지 않는다.

▼ 챗GPT는 계산은 잘하지 못한다?

챗GPT는 출시 당시 수식 계산을 그다지 잘하지 못했습니다. 챗GPT는 텍스트 생성형 AI로 문장을 생성하는 것이 목적이었기 때문입니다. 하지만 모델이 개선된 이후 파이썬으로 문제 풀이 코드를 작성한 뒤 계산을 실행하여 그 결과를 보여주게끔 바뀌었습니다.

다만 여전히 복잡한 계산은 틀릴 가능성이 있습니다. 복잡한 수식을 구하는 경우 당분간은 수식 계산 전문 AI를 활용하는 것이 좋을 것 같습니다.

수식 계산을 요청하면 파이썬을 활용하여 답해 준다.

▼ 문장 수정은 특기

번역과 요약을 잘하는 것을 보면 알 수 있듯 **문장 수정**도 특기입니다. 존댓말로 적힌 문장을 반말로 변경하는 등의 작업도 쉽게 할 수 있습니다.

요약 뿐만 아니라 **문장 자체를 간결하게 만들 수도 있습니다.** 예를 들어, 인공지능에 관해 알고 싶을 때 프롬프트에 '인공지능은 어떤 시스템으로 작동해?'라고 물어보면 챗GPT는 상당히 전문적이고 상세한 설명을 해 줍니다.

그런데 이 설명은 챗GPT나 생성형 AI, 인공지능 등에 대해 어느 정도 지식이 있는 사람이 읽기에는 좋지만, 관련 지식이 전혀 없거나 어려운 문장 자체를 읽는 것에 익숙하지 않은 사람이 보기에는 이해하기 어려울 수 있습니다.

이럴 때는 '초등학교 3학년도 이해할 수 있도록 쉽게 설명해 줘'라고 지정하면 챗GPT가 알기 쉬운 문장으로 제대로 답변해 줍니다.

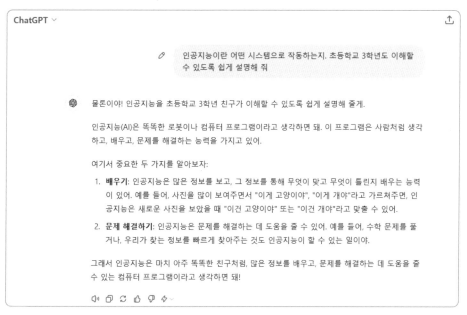

'초등학교 3학년도 이해할 수 있도록 쉽게 설명해 줘' 라고 지정하면 알기 쉽게 답변한다.

반대로 답변이 너무 간단한 경우 '조금 더 전문적으로 알려 줘'라고 지정하면 더 자세한 답변을 얻을 수 있습니다. 또한 전문적이고 자세한 답변을 원할 때는 먼저 '너는 ○○의 전문가야'라고 **챗GPT의 입장을 설정한 후에 명령하면** 지정한 내용에 따라 자세한 설명을 쉽게 얻을 수 있습니다.

포인트

챗GPT의 답변이 너무 간단할 때는 챗GPT의 입장을 설정하여 명령하면 지정한 내용에 따라 자세한 설명을 쉽게 얻을 수 있다.

▼ 창작은 그렇게 약하지 않다

챗GPT는 대규모 언어 모델 GPT를 채택하고 있습니다. 이 GPT는 방대한 양의 데이터를 미리 학습시키고, 그 학습에 따라 사용자의 명령에 대한 답을 도출해 냅니다. 사전에 학습하는 데이터는 다양한 문헌과 인터넷에 있는 텍스트입니다. 이러한 데이터는 과거의 것이기 때문에 챗GPT는 과거에 대해서는 잘 알고 있지만, 반대로 미래에 대해서는 알지 못하는 데다가 예측하지도 못합니다.

예를 들어 GPT-4o mini는 2023년 10월까지의 데이터를 학습한 상태로, 2023년 10월 이후의 데이터는 학습하지 않았습니다. 즉, 2023년 10월 이후의 사건에 대해서는 질문해도 제대로 대답할 수 없다는 뜻입니다. 이처럼 모델별로 데이터를 언제까지 학습한 것인지 각기 다르다는 점에 유의해야 합니다.

> **메모**
>
> 챗GPT는 특정 시점 이후에 대해서는 답하지 못한다. 다만 인터넷을 검색하여 답변을 생성하게 하면 그 시점 이후에 관해서도 텍스트를 생성하게 할 수 있다

챗GPT는 선례가 있는 것이나 과거에 관한 일은 잘 답변하지만 **정답이 없는 것, 직관이나 감성 혹은 미래에 대한 것**에는 약합니다.

하지만 창작은 그렇게까지 약하지 않습니다. 왜냐하면 챗GPT는 문장을 만들어내는 것을 목적으로 하는 AI이기 때문입니다. 챗GPT의 답변 자체가 창작물이라고 해도 과언이 아니겠죠.

이를 바탕으로 챗GPT와 엑셀을 조합할 때 어떤 답변을 생성하게 하고, 이를 어떻게 활용할지 고민해 보는 것도 좋을 것 같습니다.

1-06 새 채팅과 채팅 이력

조작 화면 확인하기

챗GPT에서는 대화, 즉 **챗GPT와 주고받은 말들은 기록으로 남게 됩니다.** 엑셀과 조합해서 사용하는 것과는 큰 관계가 없지만, 챗GPT를 편리하게 이용하려면 알아 두어야 하는 내용입니다.

▼ 챗GPT의 화면 구성

챗GPT에 로그인하면 처음에는 예시 질문 항목이 나열된 화면이 표시됩니다. 화면은 크게 좌우로 나누어져 있습니다.

우선 화면 왼쪽을 살펴보면 상단에 '사이드바 닫기' 아이콘, '새 채팅' 아이콘, '챗GPT' 항목, 'GPT 탐색' 항목이 있고, 그 아래로는 채팅 이력이 나오며 아래쪽 끝에는 '플랜 업그레이드'라는 항목이 있습니다.

'새 채팅' 아이콘과 '챗GPT' 항목은 새로운 채팅창을 여는 항목이며, 'GPT 탐색' 항목은 흔히 GPTs라고 불리는 것으로서 챗GPT의 맞춤형 버전을 발견하거나 새로 만드는 항목입니다.

한편 맨 아래의 '플랜 업그레이드'는 챗GPT의 유료 버전인 챗GPT Plus에 가입하기 위한 항목입니다. 이 항목을 클릭하면 전환되는 '플랜 업그레이드' 화면에서 **유료 버전인 챗GPT Plus로 업그레이드할 수 있습니다.**

화면 오른쪽에는 챗GPT에 대한 명령과 그에 대한 답변이 표시됩니다. 아울러 오른쪽 화면의 좌측 상단에는 현재 선택된 언어 모델이 표시되며, 우측 상단에는 '채팅 공유하기' 아이콘과 '(이름)' 아이콘이 있습니다. '(이름)' 아이콘은 로그인한 사용자의 이름이나 아이콘의 약자가 적힌 항목입니다. 이 항목을 클릭하면 다음과 같은 추가 메뉴가 표시됩니다.

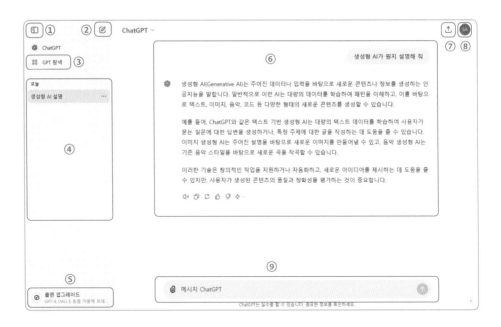

항목	내용
① 사이드바 전환 버튼	사이드바 표시/비표시 전환
② 새 채팅 추가	새 채팅 시작하기
③ GPT 탐색	챗GPT의 맞춤형 버전 사용
④ 채팅 이력	지금까지의 채팅 이력
⑤ 플랜 업그레이드	플랜 업그레이드 화면 전환
⑥ 채팅 내용	사용자의 프롬프트와 챗GPT의 답변
⑦ 채팅 공유	채팅을 공유하는 링크 표시
⑧ 사용자 이름	현재 사용자의 이름
⑨ 메시지	사용자의 질문이나 메시지 입력

항목	내용
① 내 GPT	GPT 탐색 화면으로 전환된다
② 챗GPT 맞춤 설정	·프롬프트의 명령을 맞춤 설정한다 ·항상 프롬프트에서 지정하는 명령은 여기에서 설정해 두면 편리하다
③ 설정	·챗GPT 화면 테마를 변경한다 ·프롬프트에 입력한 데이터 등을 챗GPT의 학습에 이용할지 말지를 설정한다
④ 로그아웃	클릭하면 챗GPT에서 로그아웃 한다

메모

개인 컴퓨터라면 굳이 로그아웃해야 할 필요는 없지만, 회사 컴퓨터로 챗GPT를 이용할 때 등에는 작업이 끝나면 로그아웃해 두는 편이 안심된다. 로그아웃해도 기존 채팅은 유지되므로 다시 로그인하면 이전의 채팅 이력이 그대로 표시된다.

챗GPT로 대화를 하려면 오른쪽 화면 하단에 있는 박스에 챗GPT가 생성하기를 원하는 텍스트 내용이나 이를 위한 명령, 지시, 데이터 등을 입력하면 됩니다.

예를 들어, 여기서는 '한국의 인구가 많은 도시 10곳을 인구가 많은 순서대로 나열해 줘'라고 입력한 후 맨 오른쪽에 있는 화살표 버튼을 클릭해 보세요. 그러면 다음과 같이 단 몇 초 만에 여러분이 입력한 명령어와 챗GPT의 답변이 표시됩니다.

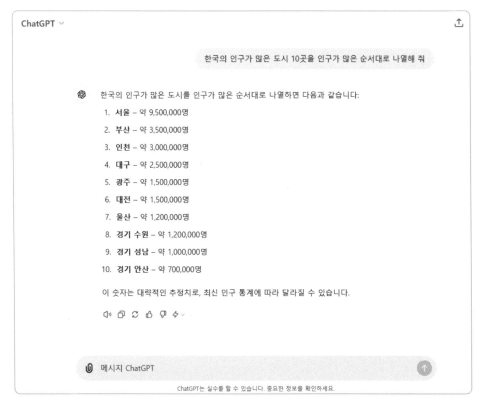

명령을 지시하면 답변이 표시된다.

챗GPT의 답변이 표시되면 화면 왼쪽을 확인해 보세요. 'GPT 탐색' 바로 아래에 새로운 항목이 추가된 것을 확인할 수 있습니다.

항목명에는 '한국 인구 많은 도시' 등이 적혀 있습니다. 방금 질문이나 명령, 지시한 프롬프트가 요약된 제목입니다. 챗GPT에서 대화를 하면 **자동으로 제목이 붙어서 이력으로 표시**되는 것입니다.

이대로 대화를 계속해도 좋지만 다른 주제나 명령, 지시사항이 있다면 다른 대화를 시작하고 싶을 수도 있죠. 이럴 때는 맨 위에 있는 '새 채팅' 아이콘을 클릭하거나 '챗GPT' 항목을 클릭합니다. 그러면 새로운 챗GPT 채팅 화면으로 바뀌므로 오른쪽 화면 아래에 있는 박스에 지시나 명령 등을 입력하여 대화를 진행합니다.

두 번째 대화도 제목과 함께 왼쪽 화면에 표시됩니다. 챗GPT는 대화를 계속하면 대화 내용을 기억하고 그 내용에 따라 답변해 줍니다. 예를 들어, '그럼 11번째 도시는 어디야?'와 같이 대화를 계속 이어가면 답을 얻을 수 있습니다.

이렇게 어떤 주제로 대화를 했는지, 그 대화한 기록이 왼쪽 화면에 추가되어 있습니다. 긴 문장을 불러와서 나눈 대화 등은 이력을 클릭하여 대화를 이어가는 것이 훨씬 효율적입니다.

포인트

챗GPT는 대화를 계속하면 서로 나눈 대화 내용을 기억하며, 내용에 따른 답변을 해준다.

▼ 챗GPT의 이력

챗GPT 화면 왼쪽에 표시되는 대화 이력은 사용자가 항목 이름을 변경하거나 이력을 삭제할 수도 있습니다.

이력 항목을 클릭하면 이력 이름 오른쪽 끝에 '...'라는 메뉴 버튼이 표시됩니다. 이 버튼을 클릭하면 몇 가지 항목이 표시됩니다. 다음과 같습니다.

대화 이력 메뉴

항목	내용
① 공유하기	클릭하면 대화 내용을 클립보드에 복사하고, 다른 소프트웨어나 서비스, 메일 등에 붙여넣어 공유할 수 있다.
② 이름 바꾸기	·이력 이름을 변경한다. ·아무 설정을 안 해도 챗GPT는 사용자와의 대화를 자동으로 이름을 붙여 저장하지만, 이력 이름을 보고 어떤 주제나 대화인지 알 수 없을 때는 이 메뉴를 통해 내용을 알기 쉬운 이름으로 변경해 두면 좋다.
③ 아카이브에 보관	·대화를 전용 영역에 보관한다. ·클릭하면 지정된 대화는 아카이브에 보관되며 이력에서 사라진다. ·오래된 대화를 아카이브하고 싶을 때 편리하다. ·아카이브에 보관된 대화는 '설정' 메뉴의 '일반' – '아카이브에 보관된 채팅' 메뉴에 들어가면 확인할 수 있으며, 여기에서 이력을 되살리거나 필요하지 않다면 삭제할 수도 있다.
④ 삭제	지정된 대화 이력을 삭제한다.

챗GPT는 누구나 무료로 이용할 수 있는 텍스트 생성형 AI이지만 업무용으로 사용할 때는 주의해야 할 점이 있습니다.

앞서 언급했듯이 사용자가 프롬프트에서 지정하거나 프롬프트에 입력한 텍스트 등은 **초기 설정을 변경하지 않으면 챗GPT의 학습에 활용**됩니다.

챗GPT는 머신 러닝을 통해 텍스트를 생성합니다. 학습시키는 데이터는 방대한 양의 텍스트이며, 논문, 책, 각종 문서 외에도 인터넷의 텍스트 등도 포함됩니다. 또한 사용자가 입력한 프롬프트 명령, 독자적으로 입력한 데이터, 서류, 텍스트 등도 머신 러닝에 활용되고 있습니다.

회사나 업무에서 챗GPT를 사용할 때 프롬프트에 명령하는 문장이나 챗GPT에 입력한 데이터 중에는 외부에 알려서는 안 되는 내용이나 영업비밀 같은 것도 있을 테죠.

이러한 데이터가 챗GPT의 머신 러닝에 활용되면 다른 사용자의 지정에 의해 생성된 답변에 재사용될 가능성도 있습니다.

물론 방대한 양의 데이터 중 내가 입력한 텍스트나 데이터가 재사용될 확률은 낮을 수 있습니다. 하지만 고유한 데이터일수록 다른 사용자의 질문에 대한 답변으로 사용될 가능성도 큽니다.

특히 외부 기밀 데이터를 다룰 때 뿐만 아니라 **업무에 사용하는 경우라면, 입력한 명령이나 데이터가 학습에 활용되지 않도록 설정해 둘 필요가 있습니다**.

이 설정은 사용자 측에서 할 수 있습니다. 챗GPT 화면 오른쪽 상단에 사용자 이름이 표시되어 있습니다. 이 사용자 이름을 클릭하면 몇 가지 메뉴가 표시되는데, 이 중에서 '설정'을 클릭합니다. 그러면 '설정' 대화 상자가 나타납니다.

이 대화 상자에서 '데이터 제어'를 클릭하여 '모두를 위한 모델 개선' 항목의 맨 오른쪽 '켜짐'을 클릭하여 나온 창에서 비활성화로 변경합시다. 버튼이 왼쪽으로 이동하여 회색으로 표시되면 채팅 기록 및 훈련 기능이 비활성화되어 있는 것입니다. 반대로 버튼이 오른쪽에 있으면, 이 기능이 켜져 있기에 채팅 내용이 챗GPT 학습에 활용됩니다.

주의!

업무에 챗GPT를 이용하는 경우 입력한 명령이나 데이터가 학습에 활용되지 않도록 설정해야 한다.

---

01 사용자 이름 메뉴에서 '설정'을 클릭한다.

02 '데이터 제어'를 클릭하고(①) '모두를 위한 모델 개선' 항목의 맨 오른쪽 '켜짐'을 클릭한다(②).

03 '모두를 위한 모델 개선' 버튼을 비활성화한다(①).

▼ 저작권에도 주의가 필요

한 가지 더, 업무나 비즈니스에 챗GPT를 사용하는 경우 **저작권에도 주의**할 필요가 있습니다.

여러 번 반복하지만 챗GPT는 방대한 양의 데이터를 사전에 학습하고 있습니다. 그 중에는 다른 저자의 창작물이나 인터넷 기사 같은 것도 있습니다. 즉, 사용자가 입력한 내용에 따라 챗GPT가 응답하는 내용 중에는 이러한 타인의 저작물이나 인터넷에 올라온 기사의 일부가 포함될 가능성이 있다는 말이죠.

따라서 챗GPT의 답변을 그대로 가져와서 공개하면 타인의 저작권을 침해하여 소송을 당할 수 있습니다. 이 점에 유의하여 챗GPT의 답변을 업무나 비즈니스에 활용하는 경우 타인의 저작권을 침해하지 않았는지 반드시 확인해야 합니다.

한편, 챗GPT가 출력한 텍스트를 자신의 저작물에서 사용하는 것은 허용됩니다. 챗GPT의 이용약관에는 챗GPT가 답변한 콘텐츠에 대한 모든 권리는 사용자에게 양도한다는 문구가 있으며, 운영사인 OpenAI가 저작권을 주장하지 않는다고 명시하고 있습니다.

극단적으로 말하면 챗GPT를 이용해 만든 콘텐츠를 자신의 저작물에 활용하거나 이를 판매해도 문제가 되지 않는다는 말입니다. 물론 타인의 저작권을 침해하지 않았는지 여부는 반드시 확인해야 합니다.

챗GPT를 활용하면 그동안 시간이 오래 걸렸던 문서 작성 시간을 대폭 단축할 수 있으며 업무의 효율성을 높일 수 있습니다. 익숙해지면 같은 시간에 기존의 몇 배나 되는 업무를 처리할 수 있습니다. 생산성이 크게 향상된다고 말할 수 있겠죠.

또한 챗GPT와 엑셀을 조합하면 챗GPT에서 단독으로 텍스트를 생성하는 것보다 훨씬 더 효과적으로 작업을 진행할 수 있습니다. 어떻게 조합하면 좋을지 다음 장부터 자세히 설명하겠습니다.

CHAPTER 02

텍스트 생성에서
엑셀까지

2-01 챗GPT는 엑셀의 강력한 무기가 된다

챗GPT × 엑셀의 조합으로 업무 효율을 높인다.

이미 챗GPT를 일상 업무에 활용하는 분도 많을 테죠. 기존의 구글 검색을 대신하거나, 간단한 문장을 작성하게 하거나 혹은 비즈니스 문서의 템플릿을 만들게 하는 등 다양한 용도로 활용하고 있을 것입니다.

하지만 실제로 사용해 보고 이 정도밖에 안 되는구나 라고 실망하신 분도 있지 않나요? 챗GPT는 텍스트 생성형 AI이기 때문에 질문이나 지시를 내리면 그에 상응하는 답변을 해 줍니다. 그렇기에 비즈니스 문서 등 텍스트와 관련된 작업에는 유용하지만 그 외의 작업에는 거의 쓸모가 없다고 생각하시겠죠.

그런 분들이 꼭 한 번 시도해 보셨으면 하는 것이 엑셀과 조합하여 활용하는 방법입니다. 예를 들어, 마케팅을 위해 상품 판매 분석을 하는 경우를 생각해 봅시다. 데이터를 분석하거나 그렇게 분석한 결과를 문서화할 때, 스프레드시트로 만든 표를 삽입하거나 표계산 소프트웨어로 수치 분석을 하는 경우가 적지 않습니다. 설득력 있는 문서를 작성하기 위해서는 표와 그래프(차트) 활용은 필수입니다.

그 표나 그래프 혹은 수치 분석과 같은 작업에 활용할 수 있는 것이 엑셀입니다. 평소 엑셀을 이용해 경비를 정산하거나 간단한 표를 작성하는 등 합계나 평균을 구하는 작업을 수행하는 분도 많을 것입니다.

이러한 작업에는 마이크로소프트의 엑셀, 구글의 스프레드시트, 애플의 넘버스와 같은 애플리케이션 소프트웨어가 많이 활용되고 있습니다. 그런데 이런 엑셀 등의 소프트웨어는 표계산 소프트웨어라는 분야로 분류되는 소프트웨어로서 수치 데이터의 집계와 분석 등에 활용됩니다. 그저 단순히 표를 만들거나 수치를 계산, 집계하는 것이 전부인 소프트웨어가 아니라는 말이죠.

복잡한 계산을 하고, 집계하고, 그 수치를 분석하고, 더 나아가 미래 예측까지 수행하고, 집계된 표와 분석한 수치에 따라 그래프를 자동으로 작성하거나 작성한 표를 수치별로 정렬하거나 필요한 부분만 추출하는 등 다양한 기능을 갖추고 있습니다. 이러한 표계산 소프트웨어의 기능을 제대로 활용하는 사람이 얼마나 될까요?

▼ 챗GPT로 엑셀 작업의 고민도 단숨에 해결!

표를 만들거나 간단한 그래프를 만들거나 고객 명단 같은 표를 작성하기는 쉽지만 수치 분석이나 복잡한 계산을 수행하기 위해서는 함수나 매크로 혹은 피벗 테이블이나 자동 필터 등 아직 사용해 본 적이 없는 어려운 기능을 사용해야 하는데, 이 정도까지는 엄두가 나지 않는 분도 많을 테죠.

이때 활용할 수 있는 것이 바로 챗GPT입니다. 엑셀에서 그다지 사용하지 않던 함수나 매크로 혹은 다양한 기능도 **챗GPT에 물어보면 즉시 그 기능이나 사용법 등을 설명해 줍니다**.

기존에는 어려운 함수나 기능을 사용하려면 도움말을 찾아보거나 인터넷 검색을 하는 등 사용하기까지 많은 준비가 필요했습니다. 하지만 챗GPT와 엑셀을 함께 활용하면 이 문제를 금방 해결할 수 있습니다.

엑셀을 사용하면 기존 업무의 효율성을 높일 수 있는데, 챗GPT 역시 업무의 효율성을 높여 줍니다. 그리고 챗GPT × 엑셀의 조합이라면 업무 효율은 몇 배 더 높아질 것입니다.

포인트

엑셀의 다양한 기능도 챗GPT에 물어보면 즉시 사용법을 알 수 있다.

2-02 기본적인 프롬프트 작성법

챗GPT를 엑셀 조작에 능통한 프로로 만든다.

1장에서 소개한대로 챗GPT와 엑셀을 조합하여 활용할 때의 팁은 크게 5가지입니다. 그중 하나는 **챗GPT에서 생성한 텍스트를 엑셀에 붙여넣는 방법**입니다.

물론 단순히 챗GPT의 답변을 엑셀의 셀에 붙여넣어도 좋지만, 챗GPT에서는 CSV 형식으로 답변을 출력할 수 있습니다. 그리고 CSV로 출력된 답변은 엑셀에 표로 쉽게 불러올 수 있습니다.

따라서 먼저 **챗GPT의 답변을 엑셀로 불러오는 방법**을 소개합니다.

▼ 챗GPT를 엑셀 작업의 프로로 만드는 마법의 주문

챗GPT에서는 예를 들어 엑셀의 기능에 대해 질문할 수 있습니다. 또는 특정 작업을 수행할 때 어떤 함수를 활용하면 좋을지 물어볼 수도 있습니다. 이때 반드시 지정해 두면 좋은 것이 다음의 주문입니다.

'너는 엑셀 작업의 전문가야.'

챗GPT에 질문이나 지시를 할 때, **챗GPT가 어떤 입장을 가지고 있는지 명확하게 지시하는 것**입니다. 이 지시를 통해 챗GPT는 엑셀 작업에 능통한 프로의 입장에서 여러분의 질문에 대해 답변하게 됩니다.

물론 이 문장을 지정하지 않아도 상세하게 답변해 주는 경우가 있습니다. 특히 간단한 질문이라면 '엑셀 전문가'가 아니더라도 어느 정도 구체적으로 답변해 줍니다. 하지만 챗GPT의 입장을 명확하게 설정해 두면 엑셀에 관해 상당히 깊이 있는 질문을 해도 즉각적으로 정확한 답변을 해 줄 가능성이 커집니다.

그런데 질문이나 지시를 입력할 때마다 '너는 엑셀 작업의 전문가야'라고 매번 입력하는 것은 번거롭죠. 이럴 때는 **맞춤 설정 기능**을 이용해 챗GPT가 엑셀 작업 전문가임을 먼저 알려 주는 것이 좋습니다.

챗GPT 화면 오른쪽 상단에 사용자 이름이 표시되어 있습니다. 이 이름을 클릭하면 메뉴가 표시되므로 '챗GPT 맞춤 설정'을 선택합니다.

사용자 이름을 클릭하여 표시되는 메뉴에서 '챗GPT 맞춤 설정'을 선택하면 '챗GPT 맞춤 설정' 대화 상자가 나타납니다.

이 대화 상자에는 위아래 두 개의 상자가 있는데, 위쪽 상자에는 '나는 엑셀 초보자야', '엑셀을 업무에 사용할 거야' 등 챗GPT가 기억해 주었으면 하는 질문자의 입장이나 챗GPT를 이용하는 목적 등을 입력해 둡니다. 물론 필요한 경우에만 입력하면 충분하며, 굳이 입력하지 않아도 상관없습니다.

대화 상자의 아래 상자에는 챗GPT가 어떤 입장에서 답변해 주었으면 하는지를 입력합니다. 여기서는 '엑셀 작업의 전문가로서 답변해 줘'라고 기재해 두었습니다.

이제 '저장' 버튼을 클릭하면, 이후부터는 챗GPT가 엑셀 작업의 전문가로서 답변하게 됩니다. 이제 프롬프트에서 일일이 답변자의 입장을 지정할 필요가 없습니다.

01 사용자 이름을 클릭하고(①), 'ChatGPT 맞춤 설정'을 선택한다(②).

챗GPT에서는 자동으로 사용자의 언어 환경을 탐지한다. 혹시 문제가 있어서 기본 설정인 영어로 나오면, 'Setting' 메뉴를 지정하여 'Setting' 대화 상자의 'Language' – '한국어'를 설정하면, 챗GPT의 화면이나 대화 상자 등의 표시가 한국어로 표시되므로 사전에 변경해 두면 좋다.

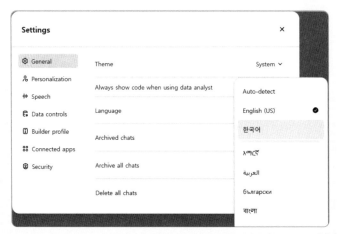

'Setting' 대화 상자에서 'Language' 항목을 '한국어' 로 설정한다.

02 챗GPT의 답변자로서의 입장을 적고(①), '저장'을 클릭한다(②).

맞춤 설정 기능을 활용하여 챗GPT가 엑셀 작업의 전문가라고 미리 기억하게 하면 편리하다.

챗GPT에 질문이나 지시를 지정하면 문장으로 답변해 주지만, 이를 엑셀로 불러올 때는 **답변을 표로 만들거나 CSV 형식으로 표시해 주도록 지정합시다**.

CSV 형식이란 각 항목을 탭, 스페이스, 쉼표(,), 세미콜론(;) 등의 기호로 구분한 데이터입니다. 이 중 엑셀이 지원하는 것은 탭, 세미콜론, 쉼표, 스페이스의 각 문자나 기호이며, 나아가 사용자가 설정한 구분 문자를 이용할 수 있습니다.

일반적으로 탭이나 쉼표를 많이 사용하는데, 엑셀도 이러한 구분 문자를 지원하므로 구분 문자로 쉼표를 사용하도록 지정하면 됩니다.

예를 들어, 한국 전역에 지사가 있는 기업이나 전국에 고객이 있는 상품 등에서는 도나 시별로 표를 작성하는 일도 많을 테죠. 이럴 때 지금까지라면 서울특별시부터 시작해 제주특별자치도까지 기억이나 지도를 의지하여 손수 입력하지 않았을까요.

그런데 챗GPT에 지정하기만 하면 쉽게 CSV 형식으로 광역단체 이름을 표시해 줍니다. 다음과 같이 지정합니다.

> 🔘 한국의 광역자치단체와 그 시도청 소재지를 북쪽부터 순서대로 목록으로 표시해 줘. 목록은 쉼표로 구분해 줘.

> ◎ 서울특별시, 중구
> 인천광역시, 남동구
> 경기도, 수원시
> 강원도, 춘천시
> 충청북도, 청주시
> 대전광역시, 서구
> (이하 생략)

이 챗GPT의 답변 목록 부분을 복사하여 엑셀을 실행하고 표에 붙여넣습니다. 붙여넣기를 하면 '붙여넣기 옵션' 버튼이 나타나므로 이를 클릭하고 메뉴에서 '텍스트 마법사 사용'을 지정합니다. 그러면 '텍스트 마법사' 대화 상자가 나타납니다. 복사한 CSV 형식의 데이터를 표 형식으로 붙여넣고 싶으므로 '구분 기호로 분리됨'을 지정하고 다음 화면에서 '쉼표'를 선택하고 데이터 형식을 '일반'으로 지정한 후 '마침' 버튼을 클릭합니다.

이제 광역자치단체와 그 시도청 소재지를 기재한 표를 순식간에 작성했습니다.

01 '붙여넣기 옵션' 버튼을 클릭하고 '텍스트 마법사 사용'을 지정한다.

	A	B	C	D	E	F	G	H	I	J	K
1	서울특별시, 중구										
2	인천광역시, 남동구										
3	경기도, 수원시										
4	강원도, 춘천시										
5	충청북도, 청주시										
6	대전광역시, 서구										
7	세종특별자치시, 세종시										
8	충청남도, 홍성군										
9	전라북도, 전주시										
10	광주광역시, 서구										
11	경상북도, 안동시										
12	대구광역시, 중구										
13	울산광역시, 남구										
14	경상남도, 창원시										
15	부산광역시, 연제구										
16	전라남도, 무안군										
17	제주특별자치도, 제주시										
18		(Ctrl) ▾									
19											
20		붙여넣기 옵션:									
21											
22		텍스트 마법사 사용(U)...									
23											

02 '구분 기호로 분리됨'을 선택하고(①), '다음'을 클릭한다(②).

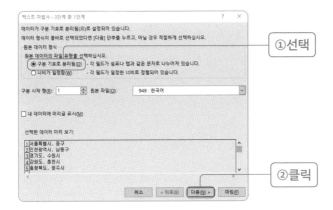

03 '쉼표'를 선택하고(①), '다음'을 클릭한다(②).

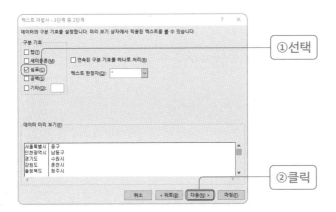

04 '일반'을 선택하고(①), '마침'을 클릭한다(②).

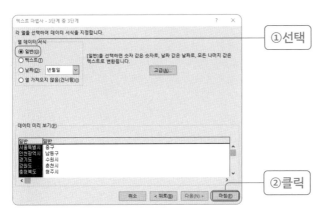

05 광역자치단체와 시도청 소재지의 표가 작성되었다.

A1		:	× ✓ *fx*	서울특별시		
	A	B	C	D	E	F
1	서울특별시	중구				
2	인천광역시	남동구				
3	경기도	수원시				
4	강원도	춘천시				
5	충청북도	청주시				
6	대전광역시	서구				
7	세종특별자치시	세종시				
8	충청남도	홍성군				
9	전라북도	전주시				
10	광주광역시	서구				
11	경상북도	안동시				
12	대구광역시	중구				
13	울산광역시	남구				
14	경상남도	창원시				
15	부산광역시	연제구				
16	전라남도	무안군				
17	제주특별자치도	제주시				

포인트

CSV 형식으로 답변하게 하고, 그것을 엑셀에 붙여넣으면 순식간에 표가 만들어 진다.

챗GPT와 엑셀을 조합하여 사용할 때, 이러한 CSV 형식의 답변과 붙여넣기가 편리 합니다. 이것만으로도 간단한 표를 단숨에 만들 수 있습니다. 챗GPT × 엑셀이 얼마나 효율적인지 알 수 있지 않나요?

2-04 엑셀로 서류의 템플릿 만들기

사전에 작업 준비하기

챗GPT를 활용하면 답변을 엑셀에 붙여넣는 것만으로 번거로운 작업 없이 표를 만들 수 있지만, 챗GPT에서는 **표 그 자체를 작성하게 할 수도 있습니다.** 엑셀을 사용하지 않아도 챗GPT가 표를 만들어 주는 것입니다. 챗GPT의 이러한 기능은 사무 작업의 강력한 아군이 됩니다.

예를 들어, 출장 경비 정산서를 엑셀로 작성하고 싶다고 가정해 봅시다. 평소 사용하는 경비 정산서가 있다면 그 서식을 바로 불러올 수 있을 테죠. 하지만 출장이 거의 없는 부서나 정형화된 정산서가 없는 회사에서는 이 경비 정산서 양식부터 작성해야 하는 일도 있을 것입니다. 이럴 때는 챗GPT를 써서 작성해 봅시다.

> 🙍 출장 경비 정산서를 작성하고 싶은데, 필요한 항목을 표 형식으로 작성해 줄래?

> ◎ 출장 경비 정산서 작성에 필요한 항목을 표 형식으로 정리해 보았습니다.

항목	설명
출장 목적	출장의 목적
출장지	출장을 간 장소의 명칭
출장 기간	출장 기간
교통비	교통수단 이용 비용
숙박비	숙박 장소 및 비용
식비	식사 관련 비용
기타 경비	기타 발생한 경비 (팁, 주차비 등)
합계 금액	모든 경비의 총합

이 표는 일반적인 출장 경비 정산에 필요한 기본 항목들을 포함하고 있습니다. 조직이나 회사마다 필요한 항목이 다를 수 있으므로, 필요에 따라 항목을 추가하거나 수정해 사용할 수 있습니다.

지금까지 출장 경비 정산서를 작성해 본 적이 없더라도 이것으로 템플릿이 만들어졌습니다. 각 항목에 오류가 없는지, 필요한 항목이 빠졌는지, 불필요한 항목이 없는지 등을 체크해 보세요. 물론 처음으로 경비 정산서를 작성하는 경우라면 이러한 항목들을 체크하는 것도 쉽지 않을 것입니다. 여기에서는 챗GPT의 답변을 믿어도 좋겠죠.

▼ 어떤 상황에서든 활용할 수 있는 지정법

이 정산서 템플릿을 챗GPT에게 표 형식으로 작성해 달라고 요청했습니다. 그래야 완성된 이미지를 쉽게 떠올릴 수 있기 때문입니다. 하지만 이대로는 엑셀에 붙여넣기가 번거롭습니다.

이를 해결하기 위해 이 대화에 이어 '표 부분을 쉼표로 구분한 CSV 형식으로 표시해 줘'라고 지정해 보았습니다.

> 🧑 표 부분을 쉼표로 구분한 CSV 형식으로 표시해 줘

> 🌐 아래는 요청하신 표를 쉼표로 구분한 CSV 형식으로 작성한 내용입니다:

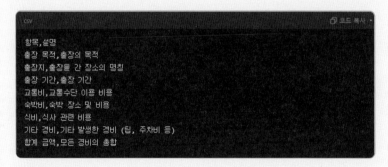

```
CSV                                                    코드 복사

항목,설명
출장 목적,출장의 목적
출장지,출장을 간 장소의 명칭
출장 기간,출장 기간
교통비,교통수단 이용 비용
숙박비,숙박 장소 및 비용
식비,식사 관련 비용
기타 경비,기타 발생한 경비 (팁, 주차비 등)
합계 금액,모든 경비의 총합
```

> 이 형식을 복사하여 CSV 파일로 저장하면 됩니다.

CSV로 출력된 내용은 CSV 부분 상단의 '코드 복사' 버튼을 클릭하면 클립보드에 복사됩니다. 복사가 완료되면 엑셀을 열고 Ctrl + V 키로 셀에 붙여넣기하고, 이때 표시되는 '붙여넣기 옵션' 버튼을 클릭한 후 '텍스트 마법사 사용'을 지정합니다. 화면에

표시된 '텍스트 마법사' 대화 상자에서 이전 항목의 순서 2(41페이지)와 마찬가지로 구분 기호로 분리됨 등을 지정합니다.

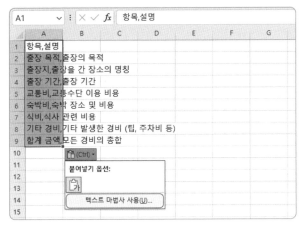

'텍스트 마법사 사용'을 클릭한다.

이제 챗GPT가 만들어 준 경비 정산서가 엑셀 표로 만들어졌습니다. 불필요한 부분을 삭제하거나 조정한 후 필요한 셀에 날짜와 숫자를 입력하기만 하면 바로 경비 정산서를 작성할 수 있습니다.

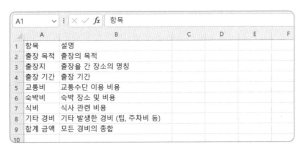

엑셀로 경비 정산서가 작성되었다.

이 **'필요한 항목을 나열해 줘'**라는 지정은 경비 정산서 등의 템플릿을 작성하고 싶을 때만 지정할 수 있는 내용이 아닙니다. 기획서, 영업 보고서, 보도자료 등 어떤 상황에서도 활용할 수 있는 지정입니다.

예를 들어, 보도자료의 경우 '신제품 출시 시 보도자료 내용 중 반드시 기재해야 하는 항목을 나열해 줘'라고 지정하기만 하면 보도자료 템플릿을 작성해 줍니다.

> 👤 신제품 출시 시 보도자료 내용 중 반드시 기재해야 하는 항목을 나열해 줘

> ✴️ 신제품 출시 시 보도자료에 반드시 기재해야 할 필수 항목은 다음과 같습니다:
>
> 1. **헤드라인**: 신제품 출시를 명확히 전달하는 간결하고 강렬한 제목.
> 2. **서브헤드라인**: 헤드라인을 보충하며 주요 메시지를 요약하는 부제목.
> 3. **발행일 및 위치**: 보도자료 발행 날짜와 장소.
> (중략)
> 11. **연락처 정보**: 미디어 문의를 위한 담당자 이름, 이메일, 전화번호.
> 12. **기타 정보**: 프로모션, 이벤트, 할인 정보 등 출시와 관련된 추가적인 내용.
>
> 이 항목들은 보도자료의 핵심 내용을 구성하며, 미디어와 소비자에게 신제품에 대한 명확하고 충분한 정보를 제공합니다.

일상적인 업무라면 이렇게 챗GPT에 명령만 내리면 대부분의 작업 준비가 완료됩니다.

지금까지 실제 작업에 들어가기 전의 사전 준비가 시간을 잡아먹어서 업무 효율성이 떨어진다고 생각하신 분도 많지 않으신가요? 챗GPT는 다양한 서류의 템플릿을 만들거나, 이전에 만든 템플릿을 찾거나, 새롭게 생각하면서 템플릿을 만들거나 하는 시간이 더는 필요하지 않습니다. 챗GPT는 이러한 사전 준비를 즉시 수행해 주므로 이제 정말 필요한 작업만 하면 됩니다.

챗GPT는 다양한 비즈니스 문서와 인터넷상의 데이터를 학습하여 비즈니스와 관련해서는 상당히 우수한 답변을 제공합니다. 챗GPT 또는 챗GPT × 엑셀을 통해 업무 효율성이 향상되는 것을 실감할 수 있을 것입니다.

포인트

'필요 항목을 나열해 줘'라는 지정은 모든 상황에서 활용할 수 있다.

업무에 엑셀을 사용한다고 해도 실제로 사용하는 기능은 극히 일부에 불과한 사람도 적지 않을 테죠. 자신의 작업이나 업무에 필요한 기능만 사용할 수 있으면 충분하기 때문입니다.

하지만 평소와 다른 조금 복잡한 작업이나 복잡한 표를 만들어야 할 때는 어떤 기능을 사용해야 할지 판단이 서지 않을 수 있습니다. 또한 상사에게 '이런 표를 만들어 달라'는 부탁을 받아도 어떻게 작성해야 할지 모를 수 있겠죠.

이럴 때야말로 챗GPT가 등장할 때입니다. 예를 들어, 엑셀에서 피벗 테이블을 이용한 표를 만들고 싶을 때를 생각해 봅시다.

피벗 테이블이란 작성한 표에서 몇 개의 항목을 선택하여 집계하는 '교차 집계'를 수행하는 기능입니다. 이 피벗 테이블이 어떤 기능이고 구체적으로 어떻게 만들면 좋을지 챗GPT에 물어봅시다.

> 🎙 피벗 테이블로 어떤 기능을 실현할 수 있는지, 자세히 설명해 줘.

> ⚙ 피벗 테이블은 엑셀과 같은 데이터 분석 도구에서 매우 강력한 기능으로, 복잡한 데이터 세트를 요약하고 분석하는 데 사용됩니다. 피벗 테이블을 활용하면 다양한 방식으로 데이터를 그룹화하고 요약할 수 있어 데이터에서 인사이트를 얻는 데 유용합니다. 다음은 피벗 테이블을 통해 실현할 수 있는 주요 기능과 그 자세한 설명입니다:
>
> **1. 데이터 요약 및 집계**
>   - 기능: 피벗 테이블은 대량의 데이터를 요약하고 집계하는 데 도움을 줍니다.
>   - 설명: 예를 들어, 판매 데이터에서 각 제품별 총 판매량이나 각 지역별 매출

합계를 빠르게 계산할 수 있습니다. 평균, 합계, 최대값, 최소값, 개수 등을 자동으로 계산할 수 있습니다.

2. 데이터 그룹화

- 기능: 날짜, 숫자, 텍스트 데이터를 그룹화하여 분석할 수 있습니다.
- 설명: 예를 들어, 날짜 데이터를 연도, 분기, 월 단위로 그룹화하여 분석할 수 있으며, 숫자 데이터를 특정 범위로 묶어 범주화할 수 있습니다.

(이하 생략)

피벗 테이블의 기능에 대해 항목을 나눠서 답변해 주었습니다. 데이터 합계를 내거나 합계나 평균, 최대값 등의 집계도 쉽게 할 수 있는 것 같습니다. 그룹화하여 표시할 수도 있고, 데이터를 특정 범위로 묶어 범주화할 수 있다고 답변했습니다.

▼ 피벗 테이블 만드는 방법 알아보기

그렇다면 이 피벗 테이블은 어떻게 만들면 좋을까요? 구체적인 방법을 물어봅시다.

> 🔍 피벗 테이블을 만드는 방법을 순서대로 알려 줘.

> ⚙️ 피벗 테이블을 만드는 방법을 순서대로 설명해 드리겠습니다. 엑셀을 기준으로 피벗 테이블을 생성하는 기본적인 절차는 다음과 같습니다:

1. 데이터 준비

- 피벗 테이블을 만들 데이터가 준비되어 있어야 합니다. 데이터는 헤더가 있는 표 형태로 정리되어 있어야 하며, 각 열에는 같은 종류의 데이터가 포함되어야 합니다. 예를 들어, 첫 번째 열은 '날짜', 두 번째 열은 '제품명', 세 번째 열은 '판매량'과 같은 방식으로 구성되어야 합니다.

2. 데이터 범위 선택

- 피벗 테이블에 사용할 데이터를 선택합니다. 셀을 클릭하여 전체 표를 자동으로 선택하게 할 수도 있고, 수동으로 필요한 범위를 드래그하여 선택할 수 있습니다.

(이하 생략)

피벗 테이블을 만들기 위한 세부적인 작업 순서가 표시되었습니다. 이 순서에 따라 표를 만들고 피벗 테이블로 변경하기만 하면 완성됩니다.

이처럼 챗GPT에 질문 몇 개만 하면 복잡한 기능을 사용하는 방법을 금방 알 수 있습니다.

▼ 사용해야 하는 함수나 지정 방식도 알려 준다

물론 기능이나 조작 뿐만이 아닙니다. 예를 들어 함수를 꼽을 수 있습니다. 엑셀의 함수 중 SUM(합계), AVERAGE(평균)와 같은 함수는 자주 사용하므로 금방 설정할 수 있을 겁니다. 하지만 그다지 많이 사용하지 않는 함수의 경우 어떤 함수를 사용해야 하는지, 어떻게 지정해야 하는지 모르는 경우가 많지 않나요?

이럴 때 챗GPT에 어떤 기능을 구현하고 싶은지 물어보면 바로 답을 알 수 있습니다.

> 셀에 입력된 생년월일을 바탕으로 나이를 표시하는 엑셀 함수를 알려 줘.

> 셀에 입력된 생년월일을 바탕으로 나이를 계산하는 엑셀 함수는 다음과 같습니다. 이 함수는 현재 날짜를 기준으로 나이를 계산합니다.
> 예를 들어, 생년월일이 셀 A1에 입력되어 있는 경우 다음과 같은 함수를 사용하여 나이를 계산할 수 있습니다:

```excel
=DATEDIF(A1, TODAY(), "Y")
```

위의 함수를 사용하여 생년월일을 기반으로 정확한 나이를 계산하고 표시할 수 있습니다.

답변을 바탕으로 엑셀 표에 함수를 입력하여 실행하고 싶은 기능을 구현했다.

예를 들어, 셀에 입력된 생년월일로부터 현재 나이를 표로 표시하는 함수를 물어봤습니다. 챗GPT는 DATEDIF 함수로 구현할 수 있다고 답변해 주었습니다. 게다가 함수 지정 방법도 표시되어 있으며, '코드 복사' 버튼을 클릭하면 클립보드에 복사되어 엑셀의 표를 열고 필요한 셀에 그대로 붙여넣어 사용할 수 있습니다.

물론 함수 지정에서는 인수로 참조할 셀을 지정해야 할 수 있으며, 이 부분은 작성하는 표에 맞게 수정해야 합니다. 하지만 **챗GPT가 알려 주는 대로 입력하기만 하면 쉽게 원하는 기능을 구현할 수 있습니다**.

엑셀을 일상적으로 사용하는 사용자라면 이렇게 챗GPT에 질문하는 것만으로도 복잡한 표나 분석 등을 쉽게 할 수 있게 되는 것입니다.

포인트

피벗 테이블을 만드는 순서나 사용할 함수, 지정 방법도 챗GPT에 물어보면 바로 답을 얻을 수 있다.

2-06 답변 일부를 더욱 자세히 알아보기

챗GPT의 답변 중 모르는 부분 질문하기

엑셀에 익숙하지 않은 사용자라면 챗GPT에 엑셀에서 구현하고 싶은 기능이나 함수 사용법 등을 물어봐도 그 답변이 쉽게 이해되지 않을 수 있습니다. 이럴 때는 **계속해서 모르는 부분이나 조작 방법 등에 대해 챗GPT에 물어보세요.**

챗GPT가 지금까지의 검색과 결정적으로 다른 점은 질문이나 명령어를 한 번만 물을 수 있는 것이 아니라 여러 번 반복해서 물을 수 있다는 점입니다. 챗GPT는 '대화형' 텍스트 생성형 AI입니다. 즉 대화가 가능하며 대화이기 때문에 상대방의 반응에 따라 이야기를 계속 진행할 수 있습니다.

게다가 챗GPT는 이렇게 무언가에 대해 점점 더 깊이 파고들어도 귀찮아하지 않습니다. 질문만 하면 얼마든지 대답해 줍니다.

이러한 대화는 같은 채팅 내에서 실행합니다. 챗GPT의 채팅은 '새 채팅'을 지정하면 새로운 대화를 시작할 수 있지만, **같은 주제의 대화는 같은 채팅으로 진행하는 편이 좋습니다.**

왜냐하면 챗GPT는 하나의 채팅 안에서는 대화 내용을 기억하고 이전 질문과 답변에 따라 답변해 주기 때문입니다.

답변 중에는 번호를 매겨서 설명해 주는 경우도 있습니다. 이럴 때는 '▨번에 대해 더 **자세히 알려 줘**'라고 지시하는 것만으로도 적절한 답변을 얻을 수 있습니다.

주제가 같더라도 새로운 채팅에서 질문하면 '○번에 대해 알려 줘'와 같은 질문은 할 수 없습니다. 챗GPT는 어디까지나 대화형 생성 AI이므로 그 채팅 내에서 대화를 진행하기 때문입니다.

▼ 챗GPT와 대화 진행하기

예를 들어, 날짜가 입력된 셀을 지정하고 해당 날짜의 요일을 표시하고 싶을 때 사용할 수 있는 함수에 관해 물어보았습니다.

> 🔾 날짜가 입력된 셀을 지정하고 해당 날짜의 요일을 표시하고 싶을 때는 어떤 함수를 쓰면 돼?

> ◎ 엑셀에서 WEEKDAY 함수를 사용하여 날짜의 요일을 숫자로 표시할 수 있습니다. 이 함수는 주어진 날짜가 일주일의 몇 번째 날인지를 나타내는 숫자를 반환합니다. 예를 들어 셀 A1에 날짜가 입력된 경우 해당 날짜의 요일을 숫자로 반환하는 방법은 다음과 같습니다:

```excel
=WEEKDAY(A1)
```

> 이 함수를 사용하면 일요일(1)부터 시작하여 토요일(7)까지의 숫자가 반환됩니다.
> 만약, 요일 이름을 직접 반환하려면 TEXT 함수를 사용하는 것이 더 적합합니다. 예를 들어, 날짜가 입력된 셀 A1의 요일 이름을 반환하려면:

```excel
=TEXT(A1, "ddd")
```

> 이 함수는 날짜를 요일 이름으로 변환하여 표시합니다(예: Thu).

챗GPT의 답변에는 'WEEKDAY 함수를 이용하면 된다'는 답변이 돌아왔습니다. 또한 'TEXT 함수를 사용하면 요일 이름이 반환된다'라고 설명되어 있습니다.

이 TEXT 함수를 사용하면 요일이 직접 표시되는 것은 이해할 수 있지만, WEEKDAY 함수에서는 숫자를 반환한다고 설명되어 있습니다. 이 숫자는 그럼 요일이 아닌 걸까요?

궁금하니 이에 관해 질문해 봅시다. 'WEEKDAY 함수에서 반환된 숫자는 요일이 아니야?'라고 다시 질문해 봤습니다.

> 🧑 WEEKDAY 함수에서 반환된 숫자는 요일이 아니야?

> 🌐 WEEKDAY 함수에서 반환된 숫자는 요일을 나타내는 숫자입니다. 반환되는 숫자는 일주일의 특정 요일을 나타내며, 사용자가 지정한 return_type에 따라 요일의 순서가 다를 수 있습니다. 숫자 자체는 요일의 이름이 아니라 요일의 순서를 나타냅니다.
>
> 요일 숫자를 요일 이름으로 변환하려면 CHOOSE 함수를 사용할 수 있습니다. 예를 들어, WEEKDAY 함수로 얻은 숫자를 요일 이름으로 변환하려면:

```excel
=CHOOSE(WEEKDAY(A1, 1), "Sunday", "Monday", "Tuesday", "Wednesday", "Thursday", "Friday",
```

> 이 함수는 WEEKDAY 함수의 결과에 따라 해당하는 요일 이름을 반환합니다.

그러자 챗GPT는 WEEKDAY 함수에 대해 더욱 자세한 설명을 한 후 다른 함수의 사용도 추천해 주었습니다.

이런 식으로 대화를 진행하면 **챗GPT의 답변으로는 알 수 없는 부분을 더 자세히 설명해 주거나 다른 방법을 제안해 주기도 합니다.** 또한 하나의 대화 속에서 다른 주제의 대화로 넘어갈 수도 있습니다.

챗GPT와의 대화는 마치 사람과 대화하는 듯한 착각을 불러일으킬 정도로 자연스럽습니다. 게다가 챗GPT가 훨씬 더 지식이 풍부하기 때문에 마치 선생님이나 전문가에게 질문하는 것 같은 느낌을 받습니다. 더군다나 아무리 초보적인 질문을 해도 싫은 기색 없이 대답해 줍니다.

기업에서는 이 챗GPT의 대화 기능을 활용해 신입사원 교육에 활용할 수도 있을 테죠. 인공지능의 등장과 활용으로 인해 일자리를 빼앗기는 직원이 나올 수 있다고 하는데, 예를 들어 사내 업무 매뉴얼을 챗GPT가 교육하게 함으로써 신입사원 교육과 같은 업무가 사라질 것으로 예상되기 때문입니다.

2-07 문장 번역하기

해외와 거래할 때 큰 아군이 된다

챗GPT의 편리한 기능 중 하나로 **번역 기능**이 있습니다. 영어에서 한국어로, 반대로 한국어에서 영어로 번역하는 것도 챗GPT에서 쉽게 실행할 수 있습니다.

챗GPT는 영어, 한국어 뿐만 아니라 일본어, 중국어, 프랑스어, 러시아어 등 50개 이상의 언어를 지원합니다. 이들 언어 간 번역이 가능합니다.

그러나 챗GPT의 번역 정확도 측면에서 볼 때 역시 영어가 가장 뛰어나며, 그 외의 언어, 특히 데이터가 적은 언어의 경우 번역 정확도가 떨어지는 경향이 있습니다. 챗GPT는 사전에 방대한 양의 데이터를 학습했지만, 그것은 문서 등과 함께 인터넷상에 있는 데이터입니다. 인터넷상의 언어 중에서는 영어가 압도적으로 많기 때문에 영어의 번역 정확도가 높은 것입니다.

▼ 단 2~3초 만에 번역 가능

챗GPT에서 번역을 하고 싶을 때는 **'다음 텍스트를 한국어로 번역해 줘'라고 지정하고, 번역할 텍스트를 붙여넣기하면 됩니다**.

한편 이렇게 번역하고자 하는 영문 텍스트 등을 복사하여 붙여넣을 수도 있지만 워드나 PDF 등의 파일을 업로드하여 통째로 번역을 요청해도 됩니다. 다만 이러한 파일 업로드 기능은 무료 버전의 경우 사용량에 제한이 있습니다.

> **주의!**
>
> 챗GPT의 모델별로 프롬프트에 지정할 수 있는 토큰의 최대 길이가 다르며, 인식 가능한 문장의 길이에는 제한이 있다. 문장이 너무 긴 경우 여러 번 나누어 지정해야 한다.

🔎 다음 텍스트를 한국어로 번역해 줘

#텍스트:

Squire Trelawney, Doctor Livesey, and the rest of these gentlemen having asked me to write down the whole particulars about Treasure Island, from the beginning to the end, keeping nothing back but the bearings of the island, and that only because there is still treasure not yet lifted, I take up my pen in the year of grace 17--, and go back to the time when my father kept the "Admiral Benbow" Inn, and the brown old seaman, with the saber cut, first took up his lodging under our roof.

◉ 트렐로니 경, 리브시 박사, 그리고 다른 신사들이 나에게 보물섬에 관한 모든 세부 사항을 처음부터 끝까지 기록해 달라고 요청했습니다. 섬의 위치를 제외하고는 아무것도 숨기지 않았으며, 그 이유는 아직 찾지 못한 보물이 남아 있기 때문입니다. 이 이야기를 쓰기 위해 17--년에 펜을 들고, 아버지가 '애드미럴 벤보우' 여관을 운영하던 시절로 돌아가, 사브르 상처를 입은 갈색 피부의 노련한 선원이 우리 집에 처음 머물렀던 때를 이야기하려 합니다.

번역할 영어 문장을 붙여넣고 번역을 명령하기만 했는데 단 2~3초 만에 한국어로 번역되어 표시되었습니다. 영어에 능통한 사용자라 할지라도 한국어로 번역하여 텍스트로 변환하는 데는 최소 10분 정도 필요할 테죠. 그것이 2~3초 만에 텍스트로 변환되었습니다.

챗GPT의 번역 정확도는 실제로 자세히 읽어봐야 알 수 있지만, 번역 원문의 개요만 알면 충분한 경우라면 전혀 문제 되지 않는 수준입니다.

물론 반대로 한국어를 영어로 번역하게 할 수도 있습니다. 이 경우 '**다음 텍스트를 영어로 번역해 줘**'라고 지정하기만 하면 됩니다. 그러면 붙여넣은 한국어 텍스트가 영어로 번역되어 표시됩니다.

한편 위에 입력한 프롬프트에서 '#텍스트:'라는 문구를 입력한 부분이 있습니다. 이러한 **해시태그**는 X(구 Twitter)나 Instagram 등에서도 많이 사용하는데, 행의 앞에 '#'이라는 해시마크를 붙여 설명하는 것으로 챗GPT 프롬프트에서도 사용할 수 있습니다. 챗GPT에서는 주로 항목을 나누거나 조건을 명시할 때 사용합니다.

예를 들어, 프롬프트에서 다음과 같이 지정합니다.

> #역할:
> 너는 프로 번역가야.
> #목적:
> 텍스트를 영어에서 한국어로, 한국어에서 일본어로 번역
> #텍스트:
> (영어 또는 한국어 문장)

포인트

'#역할', '#목적', '#텍스트' 등의 해시태그를 붙이면 더욱 목적에 맞는 텍스트를 생성할 수 있다.

해외 기업이나 부서, 해외 사용자와 주고받는 이메일 등 한국어로 작성된 문장을 영어나 다른 언어로 쉽게 번역할 수 있습니다. 이런 부서에서는 역시 챗GPT가 업무의 효율성을 높여 줍니다.

메모

챗GPT의 답변은 필요한 부분을 범위 선택 후 Ctrl + C 키로 복사하고, 엑셀 표를 열어 필요한 셀에 Ctrl + V 키로 붙여넣기 하면 쉽게 재사용할 수 있다.

2-08 문장 재작성하기

대상 독자를 지정하여 글을 작성할 수 있다

우리는 평소 한국어를 사용하긴 하지만 글을 쓰는 데에 서투른 사람도 적지 않습니다. 특히 비즈니스 문서에는 특정한 틀이 있기에 익숙해질 때까지 몇 번이고 다시 쓰게 되는 일도 있을 것입니다.

또한 상품이나 서비스의 매뉴얼, 사용설명서 등을 작성할 기회가 있는 사람도 있겠죠. 일반 사용자를 대상으로 작성한 매뉴얼을 초등학생이나 어린이를 대상으로 다시 작성할 때도 있을 것입니다.

이런 작업도 챗GPT로 쉽게 할 수 있습니다. 챗GPT는 텍스트 생성형 AI이기 때문에 문장을 생성하는 것이 특기입니다. **작성할 문장의 대상을 지정하면 대상에 맞는 문장을 생성해 줍니다.** 또한 이미 작성된 문장이라면 지정한 대상에 맞게 고쳐 써 줍니다.

▼ 테마를 지정하여 문장을 생성하게 한다

더 편리한 것은 **테마를 지정**하여 챗GPT에 문장을 생성하게 하고, 이어서 그 문장을 어린이용 등으로 다시 써 달라고 요청하는 방법입니다. 이렇게 하면 챗GPT를 통해 단번에 성인용과 어린이용 문장을 모두 즉시 얻을 수 있습니다.

> 🧑 AI에 대해 자세히 설명해 줘.

> 🌐 인공지능(AI)은 인간의 지능을 모방하여 문제를 해결하거나 작업을 수행할 수 있는 컴퓨터 시스템이나 소프트웨어를 말합니다. AI의 목표는 사람처럼 학습하고, 추론하며, 적응하는 능력을 갖춘 시스템을 만드는 것입니다. AI는 다양한 분야에서 사용되며, 크게 두 가지 주요 범주로 나눌 수 있습니다:
> (이하 생략)

🗣 초등학교 3학년생도 알 수 있도록 간단하게 바꿔 줘.

💿 인공지능(AI)은 컴퓨터나 로봇이 사람처럼 생각하고 행동할 수 있도록 만드는
기술이에요. 우리가 AI를 사용하면, 컴퓨터가 우리가 원하는 일을 도와줄 수 있
어요. AI는 두 가지로 나눌 수 있어요:
(이하 생략)

생성되는 문장의 대상에는 예를 들어 '초등학생을 위한', '초등학교 3학년도 이해할
수 있는', '성인을 대상으로'와 같이 **구체적으로 지정하는 것이 좋습니다**. 또한 문장을 생
성하게 하고, 그 대화 안에서 아이용으로 다시 쓰게 하거나, 전문가용으로 다시 쓰게
하는 식으로 여러 패턴을 작성하면 다양한 장면에 대응하는 문장을 동시에 얻을 수 있
습니다.

챗GPT가 생성한 문장은 역시 필요한 부분을 범위 선택 후 Ctrl + C 키로 복사하
고, 엑셀 표를 열어 필요한 셀로 이동한 후 Ctrl + V 키로 붙여넣기만 하면 엑셀에서
도 쉽게 사용할 수 있습니다.

포인트

생성된 문장의 동일한 대화 내에서 대상 독자를 바꾸며 여러 패턴을 만들면 다양
한 상황에 대응할 수 있는 문장을 얻을 수 있다.

주의!

챗GPT의 문장 재작성 기능은 생성한 문장을 영문으로 번역하거나, 존댓말을 반
말로 변경하거나 할 수 있다. 다만 예를 들어 존댓말을 반말로 고쳐 쓴다고 해서
문장의 종결 어미가 반드시 올바르게 고쳐졌다고는 확신할 수 없다. 챗GPT도 당
연히 잘못된 문장이나 잘못된 내용을 출력하기 때문에 출력된 답변에 오류가 없
는지 반드시 직접 확인하는 습관을 길러야 한다.

2-09 문장 교정하기

비즈니스 문서 교정에서 위력을 발휘한다

문장 재작성과 함께 챗GPT에 **문장 교정을 맡길 수도 있습니다**. 교정은 문장이나 맞춤법, 띄어쓰기, 단어의 누락 등 문장의 잘못된 부분을 수정하는 작업입니다.

교정과 함께 교열이라고 해서 글의 내용상의 오류를 바로잡는 작업도 있습니다. 둘 다 문장을 바로잡는 작업으로, 실수를 최대한 줄여야 하는 비즈니스 문서 등에서는 중요한 작업이라고 할 수 있습니다. 챗GPT는 교정과 교열을 구분하지 않습니다. '오류를 수정해 줘'라고 지정하면 챗GPT가 판단하여 잘못된 부분을 수정해 줍니다.

> 다음 텍스트의 오류를 수정해 줘.
> #텍스트:
> 추석을 지나 이윽고 짙어가는 가을해가 저물기 쉬운 어느날 석양.
> 저 계동(桂洞)의 이름난 장자(富者[부자]) 윤직원(尹直員) 영감이 마침 어디 출입을 했다가 방금 인력거를 처억 잡숫고 돌아와 마악 댁의 대문 앞에서 내리는 참입니다.
> 간밤에 꿈을 잘못 꾸었던지, 오늘 아침에 마누라하고 다툼질을 하고 나왔던지, 아뭏든 엔간히 일수 좋지 못한 인력거꾼입니다.
> 여느 평탄한 길로 끌고오기도 무던히 힘이 들었는데 골목쟁이로 들어서서는 빗밋이 경사가 진 20여 칸을 끌어올리기야, 엄살이 아니라 정말 혀가 나올 뻔했읍니다.
> (채만식 『태평천하』 중에서)

⑤ 다음은 텍스트에서 발견된 오류와 수정된 내역입니다:

1. "석양" → "석양에"
   - 수정 이유: "석양"은 명사이고, "석양에"로 수정하여 문장의 문법적 일치를 맞추어야 합니다.
2. "인력거를 처억 잡숫고" → "인력거를 타고"
   - 수정 이유: "처억 잡숫고"는 잘못된 표현이며, 올바른 표현은 "타고"입니다.
3. "마악" → "막"
   - 수정 이유: "마악"은 오타이며, 올바른 표현은 "막"입니다.
4. "아뭏든" → "아무튼"
   - 수정 이유: "아뭏든"은 오타이며, 올바른 표현은 "아무튼"입니다.
5. "엔간히 일수 좋지 못한 인력거꾼입니다" → "어지간히 일수가 좋지 못한 인력거꾼입니다"
   - 수정 이유: "엔간히"는 "어지간히"로 수정하여 문맥에 맞게 합니다.
6. "빗밑이 경사가 진 20여 칸을 끌어올리기야" → "비탈이 경사가 진 20여 칸을 끌어올리기야"
   - 수정 이유: "빗밑이"는 "비탈이"로 수정해야 문맥에 맞습니다.
7. "엄살이 아니라 정말 혀가 나올 뻔했읍니다" → "엄살이 아니라 정말 혀가 나올 뻔했습니다"
   - 수정 이유: "뻔했읍니다"는 "뻔했습니다"로 수정하는 것이 올바릅니다.

수정된 텍스트

추석을 지나 이윽고 짙어가는 가을해가 저물기 쉬운 어느 날 석양에. 저 계동(桂洞)의 이름난 장자(富者[부자]) 윤직원(尹直員) 영감이 마침 어디 출입을 했다가 방금 인력거를 타고 돌아와 막 댁의 대문 앞에서 내리는 참입니다. 간밤에 꿈을 잘못 꿨던지, 오늘 아침에 마누라하고 다툼질을 하고 나왔던지, 아무튼 어지간히 일수가 좋지 못한 인력거꾼입니다. 여느 평탄한 길로 끌고 오기도 무던히 힘이 들었는데, 골목쟁이로 들어서서는 비탈이 경사가 진 20여 칸을 끌어올리기야, 엄살이 아니라 정말 혀가 나올 뻔했습니다.

▼ 전문 교정자나 전문 감수자를 능가하지 못한다

사실 이 텍스트는 채만식의 소설『태평천하』의 첫 부분을 입력한 것입니다. 챗GPT는 문장을 읽고 교정 결과 몇 가지 사항을 수정한 후 수정된 문장과 어떤 부분을 수정했는지에 대한 설명을 표시해 주었습니다.

> **메모**
>
> 답변에 따라서는 수정 후의 문장만 표시하는 경우도 있다. 수정한 부분을 구체적으로 알고 싶을 때는 여러 번 채팅을 바꿔가며 실행해 보는 것이 좋다.

챗GPT가 행하는 문장의 교정·교열은 어디까지나 챗GPT가 학습한 범위의 교정이며, 전문 교정자나 전문 감수자의 교정과 달리 틀린 부분이 많습니다. 특히 소설이나 창작물의 경우 저자의 의도와는 다른 부분까지 손을 대서 수정할 때도 있습니다.

학습량이 많은 영문이라면 또 다른 결과가 나오겠지만 한국어에 관해서는 아직 교정자나 감수자를 따라잡을 수 없는 부분이 있습니다.

다만 비즈니스 문서에 관해서는 나름대로 올바르게 교정해 줍니다. 한국어에서도 비즈니스 문서에 관해서는 상당히 학습을 시키고 있는 듯합니다. 업무 현장에서 사용하는 데는 크게 문제가 되는 부분이 없는 것 같습니다.

작성한 문서에 오류가 없는지 최종적으로 확인해 주세요. 챗GPT에 교정을 맡기고, 수정된 내용을 마지막에 한 번 더 확인하면 실수를 방지할 수 있습니다. 챗GPT의 교정은 긴 문장도 10초 정도면 끝나기 때문에 시간과 노력이 많이 들지 않을 것입니다.

2-10 문장 요약하기

내용을 대강 파악하고 싶을 때 유용하다

챗GPT의 기능 중 특히 유용한 것은 **문장 요약**입니다. 사실 이미 이 요약 기능이 실제로 활용되고 있는 장면도 나오고 있습니다. 인터넷 뉴스 등의 기사에서는 먼저 기사의 요약이 표시되고, 최근에는 'AI로 기사 요약하기' 버튼이 표시되는 경우도 많아지고 있죠.

이 기능이 바로 챗GPT와 생성형 AI에 의해 실현 중인 기능입니다. 이 버튼을 클릭하면 기사 전문이 AI로 전송되어 내용을 요약하여 화면에 표시해 주는 것입니다. 긴 기사의 경우 먼저 요약본만 보고 전문을 읽을지 여부를 판단하는 데 활용할 수 있습니다.

이처럼 챗GPT는 문장 요약에 능숙합니다. 문장을 요약하고 싶을 때는 '다음 텍스트를 요약해 줘'라고 입력하고 텍스트를 붙여넣어 지정하면 됩니다.

> 다음 텍스트를 500자 이내로 요약해 줘.
>
> #텍스트:
>
> 2022년 11월에 등장한 생성형 AI인 챗GPT는 단 일주일 만에 회원 수 100만 명을 돌파했고, 2개월 후 1억 명의 사용자가 이용하는 폭발적인 인기를 얻었습니다.
>
> 챗GPT는 텍스트 생성형 AI, 대화형 생성형 AI, 챗봇 등으로도 불리는 대화(채팅) 형태의 문장 생성형 AI입니다. 생성형 AI란 대규모 언어 모델을 사용해 사전에 방대한 양의 데이터를 학습시킨 머신 러닝 모델입니다.
>
> 이 대규모 언어 모델에는 여러 가지 방식이 개발되어 있는데, 챗GPT가 사용하는 것은 GPT(Generative Pre-trained Transformer)라고 불리는 것으로 '사전에 언어 학습을 시킨 문장 생성기'라고 번역할 수 있습니다.
>
> 원래 캘리포니아주에 설립된 영리법인의 오픈 AI(OpenAI LP)와 그 모기업인 비영리 법인 OpenAI Inc.가 AI 분야 개발을 담당하여 GPT-3라는 언어 모델을 개발했습니다. 이를 통해 인간과 다를 바 없는 자연스러운 문장을 생성할 수 있게 된 것입니다.
>
> 챗GPT는 현재 GPT-4o, GPT-4o mini 등의 언어 모델을 채택하고 있으며, 이를 활

용한 생성형 AI를 누구나 무료로 이용할 수 있습니다. 하지만 무료 버전의 경우 데이터 분석, 파일 업로드, 비전, 웹 탐색, 이미지 생성 등의 기능은 시간당 사용량에 일부 제한이 있습니다. 유료 버전의 경우 이러한 제한이 없으며, 상기 모델에 더해 GPT-4, OpenAI o1-preview, OpenAI o1-mini 등의 언어 모델도 이용할 수 있습니다.

(중략)

실제로 사용해 보면 알겠지만, 예를 들어 새로 출시하는 상품이나 서비스의 보도자료를 작성할 때 지금까지는 상품명, 특징, 그 상품이나 서비스로 무엇을 할 수 있는지, 가격, 출시 시기 등의 정보를 바탕으로 자사 방식에 맞는 보도자료나 내용, 문장을 고민하며 작성했을 테죠. 이러한 작업을 끝내기 위해서는 빠르면 하루, 잘 풀리지 않으면 2~3일 정도 걸렸을 수도 있었을 겁니다.

(중략)

이것이 바로 챗GPT로 대표되는 생성형 AI를 활용한 업무 방식입니다. 업무에 따라서는 생산성이 10배 이상 향상되는 부서도 있겠죠. 생성형 AI를 활용하는 노하우를 익히면, 생산성은 물론 업무의 효율성이 놀라울 정도로 높아질 수 있습니다.

챗GPT는 2022년 11월에 출시된 생성형 AI로, 단 1주일 만에 100만 명의 사용자와 2개월 후에는 1억 명의 사용자를 기록하며 큰 인기를 끌었습니다. 이 AI는 대규모 언어 모델을 기반으로, 방대한 데이터 학습을 통해 자연스러운 문장을 생성합니다. 챗GPT는 인간의 언어를 이해하고 생성할 수 있지만, 스스로 판단할 수 없기 때문에 종종 오류나 "할루시네이션"이 발생할 수 있습니다. 이는 학습된 데이터의 편향이나 오류에서 비롯되는 것으로, AI가 생성하는 문장이 항상 정확하거나 신뢰할 수 있는 것은 아닙니다. 그럼에도 불구하고 챗GPT는 문서 작성, 정보 제공 등 다양한 업무에 유용하며, 특히 문서 작성과 같은 작업에서 생산성을 크게 향상시킬 수 있습니다. 예를 들어, 보도자료 작성 같은 작업을 훨씬 더 빠르게 처리할 수 있어 업무 효율성을 높이는 데 도움을 줍니다.

▼ 번역 기능과 조합하여 요약하게 하기

이 요약 기능은 비즈니스 뿐만 아니라 인터넷 기사를 읽을 때나 어떤 서비스의 이용약관을 대강 훑어보거나 기획서나 보고서의 내용을 간단하게 확인하고 싶을 때 등에 사용할 수 있습니다.

요약할 때의 요령은 **요약할 글자 수를 지정하는 것**입니다. '300자 이내', '500자 이내' 와 같이 글자 수를 지정하는 편이 좋습니다.

하지만 챗GPT는 글자 수를 지정해도 반드시 지켜주지는 않습니다. 이는 챗GPT의 글자 수 계산 방식이 토큰 단위이기 때문으로 보입니다. 토큰은 챗GPT가 내부적으로 사용하는 단위로, 글자 수 자체와는 다릅니다.

또한 요약이라고 해서 100자 이내 등으로 지정해도 큰 의미가 없습니다. 지정한 글자 수를 지키지 않는 것은 곤란하지만, 이는 현재로서는 포기할 수밖에 없는 것 같습니다.

포인트

글자 수를 지정하는 것이 제대로 요약하게 할 때의 요령이다.

주의!

생성하는 글자 수를 지정해도 챗GPT가 글자 수를 제대로 지키지 않는 경우가 있다. 특히 글자 수가 너무 짧거나 반대로 너무 긴 글자 수를 지정하면 챗GPT는 지정한 글자 수에 맞게 텍스트를 잘 생성해 주지 않는다.

요약 기능에서 편리한 것은 **번역 기능과 조합해서 사용**하는 방법입니다. 영문을 한국어로 번역하게 한 후, 그 한국어를 요약하게 하면 영문 기사 등의 내용을 대강 이해하는 데 편리합니다. 이렇게 하면 시간이 크게 단축되고, 타임 퍼포먼스도 향상될 것입니다.

> 🎤 다음 영어 문장을 한국어로 번역하고, 번역한 문장을 500자 이내로 요약해 줘.
> #텍스트:
> The Supreme Court will be pressed to answer multiple questions crucial to next year's presidential election, thrust into a pivotAl role not seen since its 2000 decision that seAled the victory for President George W. Bush.

번역

대법원은 내년 대통령 선거와 관련된 여러 중요한 질문에 답해야 하는 압박을 받고 있으며, 이는 2000년 조지 W. 부시 대통령의 승리를 확정지었던 판결 이후 처음으로 중요한 역할을 맡은 것입니다. 부시 대 고어 사건은 국가를 분열시키고 오랜 상처를 남겼습니다. 하지만 도널드 트럼프 전 대통령의 재임 시도와 관련된 법적 싸움은 훨씬 더 많고 복잡하며, 분열된 국가에서 더욱 심각한 논란을 일으킬 수 있습니다.
(중략)

요약

대법원은 내년 대통령 선거와 관련된 여러 중요한 문제를 해결해야 합니다. 도널드 트럼프 전 대통령의 재임 시도와 관련된 법적 싸움은 복잡하고 논란을 일으킬 가능성이 큽니다. 대법원은 명확히 다루지 않은 문제들을 해결해야 하며, 6대 3의 보수적 다수로 공적 신뢰도가 낮고 윤리 문제로 비판받고 있습니다. 민주당 의원들은 클레런스 토마스 대법관의 기피를 요구하고 있으며, 이는 그의 아내가 트럼프의 선거 결과 도전을 권장한 역할 때문입니다.

또한 이러한 챗GPT의 답변도 필요한 부분을 범위 선택 후, Ctrl + C 키로 복사하여 엑셀의 필요한 셀로 이동한 후 Ctrl + V 키로 붙여넣기하면 엑셀에서 쉽게 활용할 수 있습니다.

포인트

영문을 한국어로 번역하게 한 후 그 한국어를 요약해서 답변하게 하면 영문 기사의 내용을 파악하는 시간을 크게 단축할 수 있다.

2-11 셀 범위를 지정하여 질문하기

엑셀의 도움말 기능으로 해결할 수 없는 문제 해결하기

챗GPT의 답변을 엑셀에서 활용하기 위해서는 복사&붙여넣기로도 가능하지만 더 편리한 방법이 있습니다. **챗GPT의 API를 활용하는 방법**입니다. 자세한 내용은 제4장에서 설명하지만, 여기서는 일단 복사&붙여넣기로도 쉽게 사용할 수 있다는 점을 기억하세요.

그런데 엑셀의 조작 방법이나 함수 등에서는 도움말을 참고해도 잘 풀리지 않는 의문이 생기거나 오류가 발생할 수 있습니다. 이는 엑셀이 복잡한 기능을 구현하는 앱이기 때문이기도 하고, 함수나 수식 등 익숙하지 않은 기능을 활용하기 때문이기도 합니다.

오류가 발생하거나 조작 방법을 잘 모를 때는 챗GPT에 조금 더 자세한 설명을 요청해 보세요. 이를 위해서는 **작성 중인 엑셀 표의 셀이나 셀 범위 등 구체적으로 지정하여 질문해야 합니다**.

예를 들어, 다음과 같은 표가 있습니다.

	A	B	C	D	E
1	날짜	상품명	판매량		
2	3월 11일	사과	22		
3		바나나	19		
4		귤	30		
5		오렌지	4		
6		포도	9		
7	3월 12일	복숭아	9		
8		귤	32		
9		바나나	22		
10		사과	29		
11		체리	11		
12		배	9		
13	3월 13일	무화과	5		

셀 참조: A14

이 표를 바탕으로 일부 수치의 합계를 표시하는 함수를 챗GPT에 물어본다.

간단한 표이지만, 소매점 등에서는 일별로 상품명과 판매량을 추가하여 표로 만들고, 월별로 그 수치를 합산하여 상품별 판매량이나 매출액을 계산할 때 활용할 수 있습니다.

▼ 범위를 지정하여 질문하기

예를 들어, 이 표에서는 A 열에 날짜를 입력하고, B 열에 해당 날짜에 판매된 상품명을 입력하고, C 열에 판매량을 입력했습니다. 이 표를 바탕으로 특정 상품의 한 달간 판매량 합계를 구하고 싶을 때는 어떻게 해야 할까요?

챗GPT에 다음과 같이 질문해 보았습니다.

> 🔎 다음에 올리는 엑셀 표를 바탕으로 특정 상품의 판매량 합계를 구하고 싶어.

> ◉ 알겠습니다! 엑셀에서 특정 상품의 판매량 합계를 구하려면 몇 가지 방법이 있습니다. 우선, 엑셀 표의 예시를 제공해 주시면 더 구체적으로 설명해드릴 수 있습니다. 하지만 일반적인 방법을 안내해 드리겠습니다.
>
> **1. SUMIF 함수 사용하기**
> SUMIF 함수는 특정 조건을 만족하는 셀의 값을 합산할 때 사용합니다.
> (이하 생략)

🔎 날짜	상품명	판매량
3월 11일	사과	22
	바나나	19
	귤	30
	오렌지	4
	포도	9
3월 12일	복숭아	9
	귤	32

◉ 제공해주신 엑셀 표를 기반으로 특정 상품의 판매량 합계를 구하는 방법을 안내해 드리겠습니다. 예를 들어, '귤'의 판매량 합계를 구하고 싶다고 가정해 보겠습니다.

1. SUMIF 함수 사용하기
SUMIF 함수는 특정 조건을 만족하는 데이터의 합계를 구하는 데 유용합니다.
단계별로 설명하겠습니다:
1. 데이터 범위 설정: 제공하신 데이터를 엑셀에 입력했다고 가정합니다.
2. 함수 입력: 특정 상품(예: '귤')의 판매량 합계를 구하기 위해 SUMIF 함수를 사용합니다.
　- 조건범위: 상품명이 있는 열 (예: B열)
　- 조건: 특정 상품 이름 (예: "귤")
　- 합계범위: 판매량이 있는 열 (예: C열)

```excel
=SUMIF(B:B, "귤", C:C)
```

이 함수는 B열에서 "귤"이 있는 모든 행의 C열 값을 합산합니다.

특정 상품의 합계를 계산하려면 SUMIF 함수를 이용하면 되는데, 합계를 내고자 하는 상품의 지정, 판매량을 계산하고자 하는 열의 지정 등 인수 설정이 초보자에게는 조금 어려울 수 있습니다.

설명에 함수와 이 함수를 사용할 때의 인수를 설정한 예시가 나와 있으므로, 오른쪽 상단의 '코드 복사'를 클릭한 후 엑셀로 돌아가서 필요한 셀에 Ctrl + V 키로 붙여넣기 합니다.

답변에는 실제 사용하는 예시도 나와 있으니 작성 중인 엑셀 표에 맞춰 상품명이 적힌 셀을 범위 지정하고, E2 셀에 상품명을 입력한 후 해당 셀을 지정했습니다. 또한 판매량을 입력한 셀도 범위 지정해 보았습니다.

	A	B	C	D	E	F	G
	날짜	상품명	판매량				
1	3월 11일	사과	22		사과	51	
2		바나나	19				
3		귤	30				
4		오렌지	4				
5		포도	9				
6	3월 12일	복숭아	9				
7		귤	32				
8		바나나	22				
9		사과	29				
10		체리	11				
11		배	9				
12	3월 13일	무화과	5				
13							

셀에 적힌 상품명만의 합계 수가 표시된다.

엑셀을 조금 아는 사용자라면 금방 설정할 수 있는 함수이지만, 엑셀 초보자나 예전에 사용했지만 자세한 지정 방법 등을 잊어버린 사용자도 챗GPT의 설명대로 입력하면 SUMIF 함수를 이용한 합계값을 바로 표시할 수 있습니다.

앞서 언급했듯이 챗GPT에 질문할 때는 가능한 한 구체적으로 지시하는 것이 더 정확한 답변을 얻을 수 있습니다. 엑셀의 함수나 조작 등을 질문할 때는 **어떤 표이며 어떤 수치나 데이터를 입력한 상태이고 어떤 기능을 구현하고 싶은지 최대한 자세하게 지시**합시다. 조금 번거로울 수 있지만 그렇게 하는 것이 훨씬 더 정확한 답변을 얻을 수 있고, 결과적으로 시간도 단축할 수 있습니다.

> **포인트**
>
> 엑셀의 함수나 조작 등을 질문할 때는 어떤 표이며 어떤 수치나 데이터를 입력하고, 어떤 기능을 구현하고 싶은지 최대한 상세히 지시하는 것이 좋다.

2-12 수식 오류에 대한 원인과 개선책 묻기

표 자체를 범위 지정하여 붙여넣기

엑셀을 사용하다 보면 사용한 함수의 인수를 잘못 지정하거나, 지정한 셀 범위가 잘못되었거나, 사용한 함수가 잘못되는 등 다양한 오류가 표시될 수 있습니다.

이러한 오류는 #VALUE!, #####, #REF!, #NUM! 등으로 표시되며, 초보자로서는 어디가 잘못되었는지 판단할 수 없습니다.

물론 오류가 발생한 셀에 커서를 올리면 오류 내용이 표시되기 때문에 이를 참고하여 수식이나 함수를 수정할 수도 있습니다. 하지만 오류 내용을 보고도 어떻게 대처해야 할지 모르는 경우도 적지 않습니다.

	F2		f_x	=B2+C2				
	A	B	C	D	E	F	G	H	I
1	날짜	상품명	판매량					
2	3월 11일	사과	22		사과 ⚠ ▾	#VALUE!		
3		바나나	19			값 오류		
4		귤	30			이 오류에 대한 도움말(H)		
5		오렌지	4			계산 단계 표시(C)		
6		포도	9			오류 무시(I)		
7	3월 12일	복숭아	9			수식 입력줄에서 편집(F)		
8		귤	32			오류 검사 옵션(O)...		
9		바나나	22					
10		사과	29					
11		체리	11					
12		배	9					
13	3월 13일	무화과	5					
14								

엑셀 표에 오류가 나왔을 때는 오류 부분을 포함하는 셀 범위를 지정하여 복사하고, 챗GPT의 프롬프트에 붙여넣기한다.

이럴 때는 **엑셀 표 자체를 범위 지정**하고 Ctrl + C 키를 눌러서 복사하여 챗GPT의 프롬프트에 붙여넣어 보세요. 챗GPT는 엑셀의 표를 붙여넣어도 자동으로 표로 인식합니다.

▼ 탭으로 구분된 데이터는 표로 인식한다

챗GPT에 대한 질문과 엑셀 표 붙여넣기는 하나의 프롬프트여도 됩니다. 다만 여기서는 대화 기능을 이용해 먼저 질문을 하고, 엑셀 표를 Ctrl + V 키로 붙여넣어 보겠습니다. 먼저 '다음에 올릴 엑셀 표의 오류 부분을 수정해 줘'라고 지시합니다.

> ♠ 다음에 올리는 엑셀 표의 오류 부분을 수정해 줘.

> ◉ 물론 엑셀 표의 오류를 수정해 드리겠습니다. 표를 여기에 올려주시거나 오류의
>   내용을 설명해 주시면, 구체적인 수정 방법을 제시해 드리겠습니다.

그러면 챗GPT는 기꺼이 수정해 주겠다며 대답하므로, 엑셀에서 범위를 지정하여 복사한 것을 Ctrl + V 키를 눌러 프롬프트에 붙여넣습니다.

날짜	상품명	판매량		사과	#VALUE!
3월 11일	사과	22		사과	#VALUE!
	바나나	19			
	귤	30			
	오렌지	4			
	포도	9			
3월 12일	복숭아	9			
	귤	32			

> ◉ 제시해 주신 엑셀 표에서 오류를 수정하기 위해, 다음 사항을 고려해 볼 수 있습니다:
>
>   1. **날짜와 상품명이 일관되지 않는 문제**: 날짜와 상품명이 일관되지 않게 배치되
>   어 있어 표가 깨지거나 데이터가 잘못 표시될 수 있습니다.
>   2. **판매량의 오류**: 판매량에 #VAIUE! 오류가 있는 경우 해당 셀에 숫자가 아닌
>   값이 들어가 있거나 수식에 문제가 있을 수 있습니다.
>   (이하 생략)

엑셀 표를 범위 지정하여 붙여넣으면 챗GPT가 탭으로 구분된 데이터를 표로 자동 인식하여 화면에는 그림 형식으로 변환된 표와 탭으로 구분된 데이터가 동시에 표시됩니다. 그렇게 인식한 표를 확인하여 오류 부분과 그 원인, 수정 방법을 알려 주죠.

이처럼 챗GPT는 엑셀의 표를 제대로 표로서 인식합니다. 따라서 오류 부분의 셀만 선택해서 챗GPT에 붙여넣는 것이 아니라, 최대한 많은 행과 열을 선택해서 붙여넣는 편이 챗GPT도 오류가 발생한 원인 등을 쉽게 판단할 수 있습니다. 표의 크기가 크지 않은 경우에는 표 전체를 범위 선택해서 붙여넣는 것이 좋습니다.

메모

엑셀 파일 자체를 챗GPT에 전송하여 오류 부분을 수정하고, 수정된 파일을 사용자가 다운로드받을 수도 있다. 다만 무료 버전의 경우 파일 업로드 수에 제한이 있으므로 오류 수정 기능을 자주 이용하는 경우에는 챗GPT를 유료 버전으로 업그레이드하는 것을 추천한다.

포인트

오류 부분뿐만 아니라 표 전체를 붙여넣는 것이 챗GPT도 오류의 원인을 판단하기 쉬워진다.

엑셀에서는 **작성한 표를 차트(그래프)로 만들어 시각화할 수도 있습니다**. 기획서, 제안서, 보고서, 자료 등에서는 복잡한 표를 나열하는 것보다 해당 부분을 차트로 표현하는 것이 시각적으로 훨씬 더 효과적입니다.

이렇게 표를 차트로 표현할 때 어떤 차트를 그려야 할지 고민이 될 수 있습니다. 이것도 챗GPT에 물어보세요.

▼ 답변에 따라 세로 막대형 차트 만들기

다음과 같은 표를 만들었다고 가정해 봅시다. 이 표는 한국의 인구수를 연도별로 조사하여 전체 비율을 계산한 것입니다. 이 표를 차트로 만들 때 어떤 차트를 만들면 좋을지는 금방 알 수 있을 테죠. 원형 차트도 좋고, 세로 막대형 차트도 상관없습니다.

연령대	인구수(천명)	비율 (%)
0-9세	4,723	9.1
10대	5,285	10.2
20대	6,656	12.9
30대	7,507	14.5
40대	8,308	16.1
50대	8,334	16.1
60대	8,395	16.2
70세 이상	7,468	14.4

엑셀에서 연령별 인구 비율 표를 작성했다.

챗GPT에 엑셀 표를 붙여넣었습니다. 그리고 다음과 같이 프롬프트를 지정해
보았습니다.

○ 다음 엑셀 표를 차트로 만들고 싶은데, 어떤 차트가 좋을까?

연령대	인구수(천 명)	비율 (%)
0-9세	4,723	9.1
10대	5,285	10.2
20대	6,656	12.9
30대	7,507	14.5
40대	8,308	16.1
50대	8,334	16.1
60대	8,395	16.2
70세 이상	7,468	14.4

◎ 제공해 주신 데이터를 차트로 시각화하는 데 있어, 데이터의 내용을 효과적으로
전달할 수 있는 여러 가지 차트 유형이 있습니다. 다음은 연령대별 인구수와 비
율을 표현하기에 적합한 차트 유형과 그 특징입니다:

- 세로 막대형 차트 (Clustered Column Chart)는 인구수와 비율을 동시에 비교
  하고자 할 때 적합합니다.
- 원형 차트 (Pie Chart)는 비율을 강조하고 전체에서 각 연령대의 비율을 보여
  주고자 할 때 유용합니다.

데이터의 특성에 따라 최적의 차트가 달라질 수 있지만, 이 데이터를 표시하기
위해서는 세로 막대형 차트가 유용합니다. 다음은 세로 막대형 차트를 작성하는
방법입니다.
(이하 생략)

이 표의 경우 세로 막대형 차트나 원형 차트가 좋다는 조언이 돌아왔습니다.

특히 세로 막대형 차트가 데이터의 특성에 더 잘 맞으므로 그 차트를 만들기 위한 절차도 답변해 주었습니다.

챗GPT의 답변에 따라 실제로 세로 막대형 차트를 만들어 보았습니다. 이 차트에서 막대의 굵기를 변경하거나 제목을 입력하는 등의 수정을 가하면 더욱 시각적으로 호소력 있는 차트가 될 것입니다.

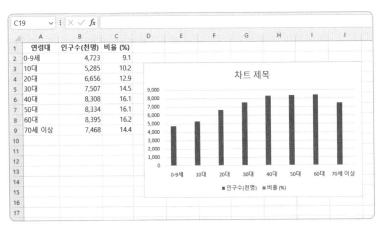

챗GPT의 답변에 따라 세로 막대형 차트를 작성해 보았다.

텍스트 생성형 AI인 챗GPT는 학습한 데이터를 기반으로 문자와 단어가 이어질 확률에 따라 문장을 작성합니다. 따라서 생성된 문장의 내용 자체가 정답인지 오답인지는 판단하지 않습니다. 또한 문자열의 배열 확률에 따라 문장을 생성하므로 창의적인 글이나 아이디어 같은 것들도 그다지 잘하는 편이 아닙니다.

하지만 인터넷의 방대한 데이터를 학습하고 있기 때문인지, **비즈니스와 관련된 질문에는 정확한 답변을 내놓는 것처럼 보입니다.** 마찬가지로 엑셀과 관련된 질문에도 나름대로 높은 정확도의 답변이 돌아옵니다.

> **포인트**
>
> 표를 차트로 만들 때 어떤 차트를 만드는 것이 효과적인지도 챗GPT가 알려 준다.

2-14 주소 표현 양식 통일하기

문자열을 통일하여 정확한 데이터로 만들기

엑셀의 셀에 입력하는 문자는 행과 열 등에 맞춰 통일하는 것이 기본입니다. 예를 들어, 주소나 나이 같은 것은 나중에 데이터를 수정하기 위해서 무언가 규칙을 정해 문자열을 통일하는 것이 일반적입니다.

하지만 사내나 부서 내에서 엑셀 표를 공유해 데이터를 입력하거나 설문지 등을 여러 사람이 작성, 입력하게 되면 필연적으로 문자열 표기 방식이 제각각일 수밖에 없습니다.

예를 들어, 주소를 꼽을 수 있겠죠. 주소 표기를 할 때 습관적으로 시도명을 생략하는 사람이 있습니다. 또한 정식명칭인 서울특별시 대신에 간략히 서울시나 서울이라고 표기하는 분도 많지 않나요?

엑셀에 데이터를 입력한 후, 이 표를 챗GPT의 프롬프트에 붙여넣고 행정 구역 표기를 바로잡아 달라고 요청하세요.

	A	B
1	서울 강남구 테헤란로 123	
2	부산광역시 해운대구 우동 456	
3	대구시 중구 동성로 789	
4	인천광역시 남동구 구월로 101	
5	광주시 서구 치평로 234	
6	대전광역시 유성구 지족동 345	
7	울산시 중구 성남로 678	
8	경기 수원시 팔달구 인계로 567	
9	포항시 북구 창포동 789	
10	전라북도 전주시 완산구 서신동 901	
11	성남시 분당구 성남대로 111	
12	경기 고양시 덕양구 소원로 222	
13	서울시 동대문구 왕산로 333	
14	제주 제주시 공항로 444	

행정 구역 표기가 통일되지 않은 표.

챗GPT에는 다음처럼 지정하면 되겠죠.

> 🔍 다음 각 주소의 행정 구역을 완전하게 표현해 줘. 변환 전의 주소를 A 열에, 변환
> 후의 주소를 B 열에 적어 줘.
>
> 서울 강남구 테헤란로 123
> 부산광역시 해운대구 우동 456
> 대구시 중구 동성로 789
> 인천광역시 남동구 구월로 101
> 광주시 서구 치평로 234
> 대전광역시 유성구 지족동 345
> 울산시 중구 성남로 678
> 경기 수원시 팔달구 인계로 567
> (이하 생략)

⚙️ 엑셀에서 각 주소의 행정 구역을 완전하게 표현하려면, "특별시", "광역시", "도"
등의 생략된 부분을 추가해야 합니다. A 열에 원래 주소, B 열에 변환된 주소를
넣으면 다음과 같은 결과가 됩니다.

A열	B열
서울 강남구 테헤란로 123	서울특별시 강남구 테헤란로 123
부산광역시 해운대구 우동 456	부산광역시 해운대구 우동 456
대구시 중구 동성로 789	대구광역시 중구 동성로 789
인천광역시 남동구 구월로 101	인천광역시 남동구 구월로 101
광주시 서구 치평로 234	광주광역시 서구 치평로 234
대전광역시 유성구 지족동 345	대전광역시 유성구 지족동 345
울산시 중구 성남로 678	울산광역시 중구 성남로 678
경기 수원시 팔달구 인계로 567	경기도 수원시 팔달구 인계로 567

이 작업을 엑셀에서 수행하려면 A열에 원래 주소를 입력한 후 B열에 각 행정 구
역을 수작업으로 추가하거나, 엑셀의 함수나 매크로를 통해 자동으로 변환하도
록 설정할 수 있습니다.

앞서 설명한 것처럼 챗GPT에 내용을 직접 입력하는 것이 아니라 엑셀 파일 자체를 업로드하며 동일한 요청을 할 수도 있다.

▼ 데이터에 따라 최적의 방법은 다르다

한편, 우편번호 등과 같이 이른바 검색이 필요한 경우에는 이런 방법을 적용할 수 없습니다. 챗GPT는 이미 입력된 방대한 양의 데이터를 분석하여 최적의 답을 주는 서비스라고 앞서 말했죠. 따라서 데이터를 바탕으로 테헤란로가 서울의 어느 구에 속한 건지에 대한 답을 할 수는 있어도 개별 주소마다 다른 숫자가 부여된 우편번호까지는 정확히 답변할 수 없는 것입니다.

실제로 위 표에 우편번호까지 입력해 달라고 요구하자 챗GPT는 다음과 같은 표를 만들어 주었습니다.

A 열	B 열	우편번호
서울 강남구 테헤란로 123	서울특별시 강남구 테헤란로 123	06164
부산광역시 해운대구 우동 456	부산광역시 해운대구 우동 456	48113
대구시 중구 동성로 789	대구광역시 중구 동성로 789	41943
인천광역시 남동구 구월로 101	인천광역시 남동구 구월로 101	21500
광주시 서구 치평로 234	광주광역시 서구 치평로 234	61954
대전광역시 유성구 지족동 345	대전광역시 유성구 지족동 345	34154
울산시 중구 성남로 678	울산광역시 중구 성남로 678	44422
경기 수원시 팔달구 인계로 567	경기도 수원시 팔달구 인계로 567	16405

챗GPT에 각 주소의 우편번호를 물어봤다.

실제로 웹에서 검색해 보면 알겠지만, 위의 우편번호는 유사한 위치의 우편번호이기는 해도 정확하지는 않습니다. 더욱이 실제로는 존재하지 않는 주소이기에 우편번호가 없는 경우에도 임의로 인근 우편번호를 표시한다는 사실을 알 수 있습니다.

챗GPT에 답을 구할 때는 이것이 챗GPT에 어울릴 만한 질문인지 먼저 확인하는 습관을 들여야 합니다. 편리함을 구하다가 큰 실수를 범할 수도 있다는 점을 잊지 마시길 바랍니다.

회사에서는 고객 명단 등을 작성하는 일도 있습니다. 혹은 마케팅을 위해 설문지를 작성하고 이름을 적어 달라고 하는 경우도 있겠죠. 명단은 회사에서 언제든 활용할 수 있는 중요한 데이터입니다.

이러한 명단을 엑셀 표로 작성하는 경우가 많을 것입니다. 그러나 입력 규칙을 미리 정해두지 않으면 나중에 데이터를 가공할 때 번거로울 수 있습니다.

가장 큰 것은 성과 이름을 한 셀에 입력하는 경우인데, 한 셀에 성과 이름을 동시에 입력하면 나중에 매크로나 함수를 이용해 성과 이름을 분할하는 작업을 수행하기가 번거롭습니다.

	A	B	C
1	성명	성	이름
2	김민수		
3	이준호		
4	박서준		
5	이수빈		
6	남궁현		

하나의 셀에 성명이 기재된 엑셀 표

하지만 챗GPT는 **쉽게 성과 이름을 구분해 줍니다**. 다소 평범하지 않은 두 글자로 된 성이어도 문제없습니다.

> ○ 다음 성명을 성과 이름으로 나눠 줘. 나눈 것은 표 형식으로 표시해 줘.
>
> 김민수
>
> 이준호
>
> 박서준
>
> 이수빈
>
> 남궁현

> ◉ 다섯 개의 성명(이름)을 성과 이름으로 나누어 표 형식으로 정리해드리겠습니다.

성과 이름으로 나눈 표

성	이름
김	민수
이	준호
박	서준
이	수빈
남궁	현

이 표는 각 성명에서 성과 이름을 분리하여 정리한 것입니다.

엑셀에서 LEFT나 WID 함수를 지정하여 성과 이름을 나누는 것도 불가능하지는 않지만, 이 경우 인수에 성과 이름을 설정해야 하므로 매우 번거로운 데다가 자동으로는 할 수 없습니다. 특히 한 글자 성이 아닌 '남궁' 같은 두 글자 성이 들어가 있는 경우 문제가 될 수 있습니다.

챗GPT를 사용하는 장점은 대량의 데이터를 미리 학습하고 있기에 **적절하게 성을 판단하여 분할해 준다는 점**입니다. 물론 잘못한 위치에서 분할이 될 수도 있습니다. 그럴 때는 분할한 데이터를 엑셀에 붙여넣고 수동으로 확인 및 수정하면 됩니다. 함수를 사용하거나 처음부터 수작업으로 분할하는 것에 비해 몇 배의 수고를 덜 수 있습니다.

> **포인트**
>
> 하나의 셀에 입력된 성명도 챗GPT를 사용하면 간단히 성과 이름을 분할해 준다.

2-16 주소 분할하기

1줄로 작성된 주소를 광역자치단체 단위로 나누기

성명을 성과 이름으로 나눈 것과 마찬가지로 주소도 광역자치단체 단위로 셀을 나눠 봅시다. 수많은 고객을 시도별로 분류, 집계하면 이전에는 보이지 않던 트렌드를 읽을 수도 있습니다.

고객 명부의 주소란을 범위 선택 후 챗GPT에 다음과 같이 지정하여 붙여넣기합니다.

> 다음 각 주소를 광역자치단체 레벨로 분할해서 표 형태로 표시해 줘.
>
> 서울특별시 강남구 삼성동 159-8
>
> 경기도 성남시 분당구 정자동 177-2
>
> 경기도 수원시 팔달구 인계동 110
>
> 인천광역시 남동구 구월동 1124
>
> 광주광역시 북구 문흥동 103
>
> 대전광역시 유성구 지족동 676
>
> 울산광역시 남구 달동 1203
>
> 충청북도 청주시 흥덕구 가경동 538
>
> 경상남도 창원시 성산구 상남동 101
>
> 전라북도 전주시 완산구 효자동 2가 86

🌀 다음은 각 주소를 광역자치단체 레벨로 분할한 표입니다.

주소	시/도
서울특별시 강남구 삼성동 159-8	서울특별시
경기도 성남시 분당구 정자동 177-2	경기도
경기도 수원시 팔달구 인계동 110	경기도
인천광역시 남동구 구월동 1124	인천광역시
광주광역시 북구 문흥동 103	광주광역시
대전광역시 유성구 지족동 676	대전광역시
울산광역시 남구 달동 1203	울산광역시
충청북도 청주시 흥덕구 가경동 538	충청북도
경상남도 창원시 성산구 상남동 101	경상남도
전라북도 전주시 완산구 효자동 2가 86	전라북도

이 표는 각 주소와 그에 해당하는 시/도를 나열하여 제공한 것입니다.

이전 항목에서도 설명했듯 챗GPT는 사전에 방대한 양의 데이터를 학습하고 있으므로 주소를 광역자치단체 단위로 분할하는 작업을 쉽게 수행합니다.

물론 엑셀에서도 LEFT와 SEARCH 함수를 이용하거나 TEXTBEFORE 함수를 이용해서 동일한 기능을 구현할 수 있습니다. 하지만 챗GPT라면 앞서 주소 표현 양식을 통일해 달라고 요청한 표를 그대로 활용해서 이러한 작업도 동시에 실행할 수 있습니다. 챗GPT의 활용법이 무궁무진하다는 사실을 알 수 있지 않나요?

> **포인트**
>
> 한 줄로 기재된 주소도 챗GPT를 사용하면 간단히 광역단체 단위로 분할해 준다.

2-17 이름을 원어로 표기하기

한글로 적힌 명칭을 원어 표기로 바꾼다

챗GPT는 문장을 요약하거나 번역할 수도 있고, 독자의 눈높이에 맞게 다시 쓰게 할 수도 있습니다. 문장에 대해 정말 다양한 작업을 할 수 있는 것이죠.

이 기능을 이용해 **한국어로 적힌 이름이나 기업명을 원어로 표기**해 달라는 식으로도 이용할 수 있습니다. 예를 들어 가끔 뉴스 기사를 보다 보면 한국어로 표기된 이름이나 기업명의 원어 표기가 궁금할 때가 있지 않나요?

이럴 때 물론 하나씩 웹에서 검색해도 되겠지만 등장하는 명칭이 많은 경우에는 다소 번거로울 수 있습니다. 이럴 때도 챗GPT를 활용하면 좋습니다.

챗GPT에서는 다음과 같이 지정합니다.

다음 기사에 등장하는 인물의 원어 표기를 알고 싶어. A 열에 한국어, B 열에 원어 표기를 적어 줘.

#기사:

2024년 GTC에는 900개 넘는 세션과 300개 이상의 기업 전시가 준비돼 있다. 참가 기업들은 항공우주, 농업, 자동차, 운송, 클라우드 서비스, 금융, 헬스케어, 생명 과학, 제조, 유통, 통신 등 다양한 산업에서 엔비디아 플랫폼을 어떻게 도입해서 혁신을 이루고 있는지 보여줄 예정이다.

젠슨 황은 "전 세계 정부와 산업, 조직들이 생성형 AI의 혁신적인 기능을 활용하려고 하면서, 생성형 AI가 무대의 중심에 서게 됐다"고 말했으며, "GTC가 세계에서 가장 중요한 AI 콘퍼런스가 된 이유는 전체 생태계가 지식을 공유하고 최첨단 기술을 발전시키기 위해 함께 모였기 때문이다"라고 덧붙였다.

이번 GTC에는 AI 업계의 주요 인물들이 참여한다. 오픈AI의 브래드 라이트캡 COO, 마이크로소프트의 세바스티안 버벡 GenAI 부사장, 구글 딥마인드 로보틱스의 빈센트 반호크 수석 디렉터, 메타의 조엘 피노 AI 연구 부사장, 스탠포드 대학교 HAI 연구소의 페이페이 리 소장, 챈 저커버그 이니셔티브의 공동창업자

겸 CEO인 프리실라 챈 등이 참석할 예정이다.

참가자들은 전문가가 이끄는 20개의 전일제 실습형 기술 워크숍 중에서 원하는 강좌를 선택해 수강할 수 있으며, 이 중 다수는 유럽, 중동, 아프리카(EMEA)와 아시아 태평양(APAC) 시간대에 온라인으로 제공될 예정이다. 또한 이번 GTC에서는 처음으로 생성형 AI 전문 자격증을 취득할 수 있다.

🌀 다음은 기사에 등장하는 인물들의 한국어 이름과 원어 표기입니다.

A열	B열
젠슨 황	Jensen Huang
브래드 라이트캡	Brad Lightcap
세바스티안 버벡	Sébastien Bubeck
빈센트 반호크	Vincent Vanhoucke
조엘 피노	Joelle Pineau
페이페이 리	Fei-Fei Li
프리실라 챈	Priscilla Chan

이 표를 엑셀에 그대로 입력하면 원하는 형식이 완성될 것입니다.

역시 빠르게 원어 표기를 기재해 주었습니다. 물론 표 형식이 아니라 젠슨 황(Jensen Huang)처럼 괄호를 달아 원어를 표기해 달라고 요청할 수도 있습니다.

다만 유명하지 않은 인물이나 기업명의 경우에는 제대로 된 원어 표기가 나오지 않을 때도 있으니 확인이 필요합니다. 향후 사전 학습하는 데이터가 늘어날수록 원어 표기명도 더욱 정확해질 것을 기대해 봅니다.

2-18 더미 데이터 생성하기

프레젠테이션을 위해 가상의 값을 적은 표 만들기

엑셀을 활용해 마케팅 데이터를 분석하거나 상품 판매량, 매출 등을 데이터로 만들어서 미래 예측이나 경영 분석을 하는 경우가 적지 않을 것입니다.

단순히 비용 정산이나 간단한 계산 혹은 문장만 나열된 엑셀 문서를 작성하는 것은 엑셀을 제대로 활용하지 못하는 것이라 할 수 있습니다.

경영 분석 등에 활용하고 싶을 때나 프레젠테이션을 위해 임시 수치 데이터를 작성한 표가 필요할 때 등 더미 데이터가 들어 있는 표를 만들고 싶은 경우가 있지 않나요? 각 셀에 더미 값을 입력하는 것은 간단해 보이지만 실제로는 번거로운 작업입니다.

물론 이런 작업도 챗GPT라면 빠르게 만들 수 있습니다. 생성하고자 하는 데이터의 종류, 수치 범위 등 세부적인 조건이 있다면 해당 사항도 프롬프트에 지정하여 **더미 데이터를 생성해 보세요.**

예를 들어, 고객 명부 등에 사용할 더미 이름을 만들어 봅시다. 다음과 같이 지정해 보았습니다.

> 한국인 더미 이름을 10개 만들어 줘.

> 한국인 이름으로 더미 데이터를 생성할 때 사용할 수 있는 이름 10개를 제공해 드릴게요:
> 1. 김민수
> 2. 이지은
> 3. 박준영
> 4. 최현우

5. 정서윤

6. 강호준

7. 윤지혜

8. 한재민

9. 오세훈

10. 서지민

이 이름들은 한국에서 흔히 사용되는 성과 이름의 조합으로, 엑셀 시트에서 더미 데이터로 활용하기 좋습니다.

주의!

주소와 같은 개인정보는 더미로도 생성할 수 없는 것도 있다. 실제로 지정해 보면 더미 데이터 생성 가능 여부를 금방 알 수 있다.

▼ 더미 상품 판매량 데이터 생성하기

마케팅 등에 활용할 수 있는 더미 상품 판매량 데이터는 어떨까요? 다음과 같이 지정해 보았습니다.

> 귤, 사과, 바나나, 파인애플, 무, 딸기 각 상품의 판매량을 각각 10에서 100 사이의 가상의 숫자로 만들어 줘. 작성한 데이터는 표 형식으로 표시해 줘.

◉ 다음은 각 상품의 판매량을 10에서 100 사이의 가상의 숫자로 생성한 표입니다:

상품	판매량
귤	42
사과	89
바나나	75
파인애플	61
무	33
딸기	94

이 표는 엑셀에서 테스트나 분석에 사용할 수 있는 더미 데이터로, 각 상품의 판매량을 임의로 설정한 것입니다.

생성된 표에 문제가 없다면, 계속해서 '표를 쉼표로 구분된 CSV 형식으로 표시해 줘' 등으로 지정하면 원하는 코드가 표시됩니다. 이 코드를 복사하여 엑셀에 붙여넣으면 쉽게 더미 상품별 판매량 표를 만들 수 있습니다.

포인트

챗GPT를 사용하면 더미 이름, 상품 판매량 등을 쉽게 생성할 수 있어 프레젠테이션 등에 활용할 수 있다.

2-19 웹에서 엑셀 형식으로 데이터 불러오기

데이터 정리하기

챗GPT는 각 모델별로 특정 시기까지의 데이터로 학습하고 있으므로 원칙적으로 그 이후의 새로운 내용은 답변할 수 없습니다. 새로운 것을 알아보려면 구글이나 네이버 등에서 검색하는 수밖에 없다는 말이죠.

다만 구글 등에서 검색하여 원하는 데이터를 찾은 경우 GPT-4o 등과 같은 특정 모델이라면 해당 페이지의 URL을 입력하여 해당 페이지에서 원하는 내용을 분석해 달라고 요청할 수 있습니다. URL을 지정하여 해당 페이지의 데이터를 추출하는 것을 '스크래핑'이라고 하는데, 챗GPT에서도 웹페이지를 스크래핑하여 데이터를 얻을 수 있는 것이죠.

하지만 많은 사이트에서는 자사 페이지를 스크래핑하는 것을 막아 놓은 상태이기에 챗GPT가 분석할 수 없다고 답변하는 경우가 많으며, 사이트의 구조에 따라서는 스크래핑이 제대로 이루어지지 않을 때도 있습니다.

이럴 때는 URL을 지정하지 않고도 챗GPT에서 **데이터를 정리**할 수 있습니다.

▼ 웹에서 다양한 최신 정보를 추출하여 엑셀로 불러온다

예를 들어, 일기예보는 어떨까요? 기상청 사이트에 접속해 일기예보를 알고 싶은 지역을 클릭하면 10일간의 날씨, 기온, 강수확률 등이 표로 정리된 페이지가 나옵니다.

이 페이지의 일기예보는 표 형식으로 되어 있기에 필요한 부분을 범위로 선택하고 복사하여 엑셀에 붙여넣어 봤습니다. 그런데 이것만으로는 제대로 된 엑셀 표가 만들어지지 않습니다.

그래서 챗GPT에서 다음과 같이 지정하고 프롬프트에 기상청 사이트에서 복사한 데이터를 붙여넣었습니다.

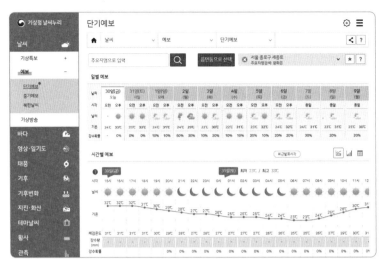

일기예보 데이터를 챗GPT에 붙여넣는다. 출처 : 한국 기상청 (https://weather.go.kr)

🧑 다음 데이터에서 날짜와 날씨를 추출해서 표로 만들어 줘.

날짜

시각

날씨

기온

강수확률

30일

(금)

오늘

오전

-

오후

맑음

24℃

33℃

-

0%

31일

(토)

내일

오전

맑음

오후

맑음

23℃

33℃

0%

0%

(이하 생략)

🌀 날짜와 날씨 정보를 추출하여 표로 정리하면 다음과 같습니다:

날짜	오전 날씨	오전 기온	오전 강수확률	오후 날씨	오후 기온	오후 강수확률
30일 (금)	-	24℃	-	맑음	33℃	0%
31일 (토)	맑음	23℃	0%	맑음	33℃	0%
1일 (일)	구름많음	24℃	10%	구름많음	31℃	10%
2일 (월)	한때 비	24℃	60%	흐림	29℃	30%
3일 (화)	맑음	22℃	10%	구름많음	30℃	20%

(중략)

위 표는 각 날짜에 대한 오전과 오후의 날씨 정보를 정리한 것입니다.

이제 웹에서 선택한 데이터가 챗GPT에서 정리되어 표 형식으로 표시되었습니다.

이번에는 이 표를 범위 선택 후 엑셀을 열고 Ctrl + V 키로 붙여넣기 합니다. 이제 날짜와 날씨 등이 입력된 깔끔한 표가 완성되었습니다.

일기예보뿐만이 아닙니다. 챗GPT는 지정한 문장을 읽고, 요약하고, 필요한 부분을 추출하고, 이를 정리하여 표 형식까지 만들어 줍니다. **문서 정리에 매우 능숙하다고 말할 수 있습니다.**

	날짜	오전 날씨	오전 기온	오전 강수 확률	오후 날씨	오후 기온	오후 강수 확률
2	30일 (금)	-	24℃	-	맑음	33℃	0%
3	31일 (토)	맑음	23℃	0%	맑음	33℃	0%
4	1일 (일)	구름많음	24℃	10%	구름많음	31℃	10%
5	2일 (월)	한때 비	24℃	60%	흐림	29℃	30%
6	3일 (화)	맑음	22℃	10%	구름많음	30℃	20%
7	4일 (수)	맑음	22℃	10%	맑음	31℃	10%
8	5일 (목)	구름많음	23℃	20%	맑음	32℃	10%
9	6일 (금)	구름많음	24℃	20%	구름많음	32℃	20%
10	7일 (토)	구름많음	24℃	30%	구름많음	31℃	30%
11	8일 (일)	구름많음	23℃	20%	구름많음	31℃	20%
12	9일 (월)	구름많음	23℃	20%	구름많음	30℃	20%

엑셀에 붙여넣자 깔끔한 표가 완성되었다.

이 기능을 활용하면 웹에서 다양한 최신 정보를 추출하여 엑셀로 불러올 수 있으며, 챗GPT와 엑셀을 조합하여 최신 정보까지 가공하여 활용할 수 있습니다.

이러한 챗GPT × 엑셀 비법을 제대로 이용하면 챗GPT와 엑셀을 더 많은 업무에 활용할 수 있을 것입니다.

포인트

문서 정리에 능한 챗GPT의 특징을 살려 웹에서 다양한 최신 정보를 추출하여 엑셀로 불러올 수 있다.

CHAPTER 03

엑셀 함수·매크로 알아보기

3-01 엑셀 함수 알아보기

함수와 이를 위한 인수 및 지정 방법 질문하기

엑셀을 사용할 때 효율적으로 표를 만들고 싶다면 **몇 가지 함수는 필수**입니다.

함수라고 하면 X와 Y가 나오고, X의 값이 정해지면 그에 대응하는 Y의 값이 정해진다, 식으로 중학생 때 배운 수학이 떠올라 머리가 아픈 사람도 있을 테죠.

하지만 엑셀에서 말하는 함수는 이와는 다른 개념으로, 엑셀의 함수는 복잡한 계산을 쉽게 할 수 있도록 미리 정의된 수식을 의미한다고 생각하면 됩니다.

예를 들어, A 열의 1행부터 5행까지 숫자가 입력되어 있는 경우 이 A 열의 1행(A1 셀)부터 A 열의 5행(A5 셀)까지의 합계를 계산한다면 다음과 같은 수식이 됩니다.

합계=A1+A2+A3+A4+A5

A6		: $\times$ $\checkmark$ fx	=A1+A2+A3+A4+A5		
	A	B	C	D	E
1	10				
2	15				
3	20				
4	9				
5	5				
6	59				
7					

A1에서 A5까지의 합계를 표시하는 수식을 A6에 입력한다.

이 수식을 A6 셀에 입력하면 A1부터 A5까지의 값의 합계를 나타내는 숫자가 A6 셀에 표시되는 것입니다.

이 특정 셀에서 특정 셀까지 합산하는 수식을 좀 더 쉽게 만든 것이 **SUM 함수**입니다. SUM 함수를 사용하면 다음과 같이 지정할 수 있습니다.

```
=SUM(A1:A5)
```

SUM 함수를 지정해도 답은 동일하다.

이것이 A1에서 A5까지의 합계를 계산하는 함수입니다. SUM 함수에 이어 셀 범위를 입력했는데, 이 부분을 **인수**라고 부릅니다.

실제로 옆에 있는 B 열의 6번째 행의 셀에 SUM 함수를 A1부터 A5까지를 인수로 지정해 봅시다. 옆의 A6 셀에 입력한 수식과 똑같은 값이 함수를 입력한 B6 셀에 표시되는 것을 볼 수 있습니다(셀에는 함수로 계산된 수치가 입력되어 표시됩니다. 해당 셀에 입력된 함수는 상단의 수식 입력줄에서 확인할 수 있습니다).

즉 엑셀의 함수란, 수식이나 복잡한 계산을 쉽게 할 수 있도록 **미리 설정된 함수를 이용하는 것뿐**이라고 생각하면 됩니다.

▼ 어떤 함수를 써야 할지 질문하기

여기서는 A1부터 A5까지의 합계를 표시하기 위해 SUM 함수를 사용했지만, 이것을 모른다고 가정하고 어떤 기능을 활용하면 좋을지 챗GPT에 한번 물어봅시다.

A1에서 A5까지의 합계를 표시하려면 어떤 함수를 사용해?

엑셀에서 A1부터 A5까지의 합계를 구하려면 SUM 함수를 사용하면 됩니다. 다음과 같은 수식을 사용하세요:

=SUM(A1:A5)

이 수식을 입력하면 A1부터 A5까지의 셀에 있는 값들의 합계를 계산해줍니다.

챗GPT의 답변에서도 역시 SUM 함수를 이용하면 좋다는 것을 알 수 있습니다. 게다가 어떻게 지정하면 좋은지도 알려 줍니다.

엑셀에서 함수를 사용하고 싶을 때나 어떤 기능을 구현하기 위해 어떤 함수를 사용해야 하는지 알고 싶을 때는 챗GPT에 **구현하고자 하는 기능을 구체적으로 설명하면서 물어보면 됩니다**. 챗GPT는 그 기능을 구현하기 위한 함수와 이를 위한 인수나 지정 방법 등을 친절하게 답변해 줍니다.

포인트

챗GPT에 구현하고 싶은 기능을 구체적으로 질문하면 이를 위한 함수뿐만 아니라 인수나 지정 방법 등을 알려 준다.

3-02 VLOOKUP 함수 사용법 알아보기

재고 관리 및 상품 판매 관리 등에 활용한다

엑셀을 사용하다 보면 다양한 함수를 익혀서 사용하게 될 것입니다. 함수를 사용하면 편리하기 때문입니다. 예를 들어 **VLOOKUP 함수**가 있습니다.

VLOOKUP 함수는 작성한 표 중에서 필요한 문자열이나 수치 등을 검색하여 추출하여 표시하기 위한 함수입니다. 또한 표의 범위를 지정하고 수직 방향으로 셀을 검색하여 일치하는 셀의 행에서 수치나 문자열을 반환해 줍니다.

예를 들어, 재고 관리나 상품 판매 관리 등에 엑셀을 사용할 때, 작성한 표에서 특정 상품을 검색하여 가격, 판매량 등을 추출하는 등의 작업에도 활용할 수 있습니다.

복잡한 조작이 가능한 VLOOKUP 함수이니만큼 지정하는 인수나 지정 방법 등도 복잡합니다. 그런 면에서 VLOOKUP 함수 사용법을 챗GPT에 한번 물어보겠습니다.

◑ VLOOKUP 함수 사용법에 대해 자세히 알려 줘.

◉ VLOOKUP 함수는 엑셀에서 수직 방향으로 데이터를 검색하여 특정 값을 찾는데 사용됩니다. 데이터의 첫 번째 열을 기준으로 값을 찾아 지정된 열에서 데이터를 반환합니다. 이 함수는 특히 큰 데이터셋에서 특정 정보를 검색할 때 유용합니다. VLOOKUP 함수는 다음과 같은 네 가지 인수를 가집니다:

```excel
=VLOOKUP(lookup_value, table_array, col_index_num, [range_lookup])
```

각 인수의 역할

1. lookup_value: 찾고자 하는 값입니다. 예를 들어, 특정 제품 코드, 이름, ID 등을 찾는 데 사용할 수 있습니다. 이 값은 table_array의 첫 번째 열에 있어야

합니다.

(이하 생략)

▼ 더 구체적으로 실현하고 싶은 것을 지정하여 질문하기

자세한 답변이 표시되었습니다. 어떤 기능이며, 인자로는 어떤 것을 지정하는지에 대해 많은 예시를 들어 자세히 설명하고 있습니다.

하지만 이러한 설명을 읽어도 잘 이해가 되지 않는 부분이 있을 수 있겠죠. 자신이 만든 표를 어떻게 지정하고 어떻게 사용해야 할지 모를 수도 있습니다.

그렇기에 조금 더 자세히 물어보겠습니다. 예를 들어 다음과 같이 상품과 공급업체, 단가, 구매 수량 등을 기재한 표를 작성했다고 가정해 봅시다.

	A	B	C	D	E
	A12		fx		
1	상품	공급업체	단가	구매 수량	
2	사과	A상사	250	510	
3	귤	B물산	120	202	
4	바나나	C도매상	100	215	
5	딸기	D사	400	246	
6	포도	A상사	350	293	
7	멜론	B물산	500	314	
8	복숭아	E사	300	357	
9	키위	D사	200	400	
10	파인애플	B물산	300	423	
11	망고	C도매상	450	465	

상품과 공급업체, 단가, 구매 수량 등이 기재된 표.

이 표에서 지정한 상품이 어느 공급업체에서 구매한 상품인지 확인하고 싶을 때 어떻게 지정하면 좋을까요? 그렇게 크지 않은 표라면 직접 검색하거나 눈으로 보면 알 수 있지만, 이를 함수를 사용하여 한 번에 알아볼 수 있도록 해 봅시다. 다음과 같이 챗GPT에 물어보았습니다.

A열에 상품명, B열에 해당 공급업체, C열에 상품 단가, D열에 구매 수량을 입력한 표가 있어. 이 표에서 '상품'을 지정하여 이것이 어느 공급업체에서 구매한 것인지 조회하려면 VLOOKUP 함수로 어떻게 지정해야 할까?

주어진 표에서 특정 '상품명'을 지정하여 해당 상품을 어느 공급업체에서 구매했는지 조회하려면, VLOOKUP 함수를 사용하여 '상품명'을 기준으로 '공급업체'를 찾을 수 있습니다. 이 경우 VLOOKUP 함수는 '상품명'을 A열에서 검색하고, B열에서 해당 공급업체의 이름을 반환하도록 설정합니다.

예시 수식

예를 들어, "태블릿"이라는 상품의 공급업체를 찾고 싶다면, 다음과 같은 VLOOKUP 함수를 사용할 수 있습니다.

```excel
=VLOOKUP("태블릿", A2:D4, 2, FALSE)
```

수식 설명

- "태블릿": 조회할 상품명입니다. 이 자리에 셀 참조를 사용할 수도 있습니다(예: E1에 상품명을 입력한 경우 E1로 대체).

(이하 생략)

    VLOOKUP 함수에 관해 물어보니 챗GPT는 예시로 작성한 표를 바탕으로 VLOOKUP 함수의 지정 방법, 인수 작성법 등에 대해 답변해 주었습니다.

    이 답변을 바탕으로 작성 중인 표에 맞게 인수 등을 변경하여 VLOOKUP 함수를 입력해 보았습니다. 여기서는 F1 셀에 상품명을 입력하면 표에서 해당 상품의 공급업체를 조회하고 이를 F2 셀에 표시하도록 설정했습니다.

	A	B	C	D	E	F	G	H	I
						F2			
			=VLOOKUP(F1, A:D, 2, FALSE)						
1	상품	공급업체	단가	구매 수량		멜론			
2	사과	A상사	250	510		B물산			
3	귤	B물산	120	202					
4	바나나	C도매상	100	215					
5	딸기	D사	400	246					
6	포도	A상사	350	293					
7	멜론	B물산	500	314					
8	복숭아	E사	300	357					
9	키위	D사	200	400					
10	파인애플	B물산	300	423					
11	망고	C도매상	450	465					
12									

VLOOKUP 함수로 F1 셀에 입력한 상품의 공급업체를 표시하게 했다.

작성하는 표가 작다면 VLOOKUP 함수도 별거 아닌 것 같지만, 여러 번 스크롤해야
할 정도로 큰 표라면 VLOOKUP 함수의 편리함을 실감할 수 있을 것입니다.

포인트

챗GPT의 답변이 잘 이해가 되지 않을 때는 조금 더 구체적으로 구현하고 싶은 것
을 지정하여 질문하는 것이 좋다.

3-03 시간 단축에 최적화된 IF 함수 사용법 알아보기

셀에 입력한 데이터가 조건을 충족하는지 판단한다

엑셀에서 표를 만들 때 셀에 입력한 데이터가 무언가의 조건을 만족하는지 판단하고 그 결과에 따라 맞는 데이터값을 입력하는 작업을 하나씩 직접 하는 것은 매우 번거로운 일입니다.

예를 들어, 시험 성적을 목록으로 작성하고 80점 이상이면 평가에 'A', 80점 미만이며 60점 이상이면 'B', 그 미만이면 'C'를 입력하는 표를 만들고 싶을 때, 이 평가란에는 어떤 함수를 사용하면 쉽게 구현할 수 있을까요?

	A	B	C
1	이름	점수	평가
2	김민준	88	
3	이서윤	62	
4	박지훈	69	
5	최예린	53	
6	정하늘	79	
7	강서준	83	
8	윤하영	82	
9	조현우	75	
10	장민서	55	
11	서지아	60	

테스트 점수와 평가를 입력한 표를 작성.

이것도 챗GPT에 물어봅시다. 엑셀 조작법이나 함수 등은 챗GPT에 자세히 설명하면서 물어보면 편리한 방법이나 함수를 바로바로 알려 줍니다.

> A 열에 이름, B 열에 점수, C 열에 평가를 입력한 표를 만들려고 해. C 열의 평가
> 란은 B 열의 점수에 따라 'A, B, C'의 3단계로 표시할 거야. 이 경우 C 열의 셀에
> 는 어떤 함수를 설정하면 좋을까? 평가는 B 열의 수치로 판단하여 다음과 같은
> 기준이야.

#평가:

80 이상은 A

60에서 79는 B

59 이하는 C

◉ B 열의 점수에 따라 C 열에 평가(A, B, C)를 자동으로 표시하려면 IF 함수를 중
첩하여 사용하면 됩니다. 주어진 평가 기준을 반영한 수식은 다음과 같습니다:

=IF(B2 >= 80, "A", IF(B2 >= 60, "B", "C"))

수식 설명

- IF(B2 >= 80, "A", …): B2 셀의 점수가 80 이상이면 "A"를 반환합니다.
- IF(B2 >= 60, "B", "C"): 첫 번째 조건이 거짓일 때(즉, 80 미만일 때), 두 번째
IF 함수가 실행됩니다. 점수가 60 이상이면 "B"를 반환하고, 그렇지 않으면 "C"
를 반환합니다.

사용 방법

1. C2 셀에 수식을 입력합니다.
2. 수식을 입력한 후, C 열 아래로 자동 채우기를 사용하면 전체 C 열에 이 수식
이 적용되어 각 점수에 맞는 평가가 표시됩니다.

챗GPT는 **IF 함수**를 이용해 조건에 따라 평가를 표시하면 된다고 답했습니다.

IF 함수는 입력된 수치를 지정된 조건에 따라 평가하여 참(TRUE) 또는 거짓(FALSE)을 반
환해 주는 함수입니다. 또한 조건에 따라 표시할 값이나 문자를 지정할 수 있습니다.

챗GPT의 답변은 IF 함수에 여기서 지정한 조건을 인수로 설정하고 A, B, C를 입력
하도록 표시되어 있습니다. 표의 내용을 구체적으로 문장으로 지정했기 때문에 답변
도 현재 상태에 맞게 정확하게 해 준 것이겠죠.

답변에는 =IF(B2 >= 80, "A", IF(B2 >= 60, "B", "C"))라고 적혀 있습니다. 이렇게 IF 함수에
서는 지정한 조건의 중첩이 가능합니다. 중첩이란 조건 안에 조건을 더 넣는 것으로,

이 경우 B2 셀의 수치가 80점보다 크면 'A'를, 그렇지 않은 경우 B2의 수치가 60점보다 크면 'B'를, 그 외에는 'C'라는 조건을 중첩하여 설정하고 있습니다.

챗GPT의 예제에 따라 C 열에 IF 함수를 사용하여 다음과 같이 지정합니다.

```
=IF(B2 >= 80, "A", IF(B2 >= 60, "B", "C"))
```

실제로 엑셀 표에 설정해 봅시다.

	A	B	C	D	E	F	G	H
1	이름	점수	평가					
2	김민준	88	A					
3	이서윤	62						
4	박지훈	69						
5	최예린	53						
6	정하늘	79						
7	강서준	83						
8	윤하영	82						
9	조현우	75						
10	장민서	55						
11	서지아	60						
12								

C2 셀에 IF 함수를 입력한다.

이제 조건에 따라 C2 셀에 'A'라고 표시되었습니다. 마찬가지로 C 열의 필요한 셀에 함수를 복사하여 붙여넣기만 하면 평가가 추가된 성적표를 쉽게 만들 수 있습니다. **엑셀에서 작성한 표의 형식과 목적 등을 챗GPT에 상세하게 지정하고, 어떤 함수를 사용해야 하는지 물어보면 올바른 함수를 답변해 줍니다.** 엑셀과 챗GPT를 연동하면 엑셀 작업 시간도 크게 단축할 수 있습니다.

포인트

엑셀로 작성한 표의 형식과 목적 등을 챗GPT에 상세히 지정하고 사용해야 할 함수를 물어보면 올바른 함수를 답변해 준다.

3-04 표의 행과 열을 변경하는 함수 질문하기

엑셀로 구현하고 싶은 것을 물어보기

초보자가 엑셀로 표를 작성할 때 흔히 빠지기 쉬운 실수는 표의 가로와 세로를 잘못 설정하는 실수입니다.

예를 들어, 월별로 상품당 판매량을 입력한 표를 만들었을 때, 이 표의 행과 열을 서로 변경하여 상품별 판매량 표로 변경하고 싶을 수 있겠죠. 현재 상태의 표를 바탕으로 차트를 그리면 의미가 없는 차트가 되기에 표의 행과 열을 변경하는 것이 좋을 때도 있습니다.

	A11			fx				
	A	B	C	D	E	F	G	H
1	상품	1월	2월	3월	4월	5월	6월	
2	사과	510	500	480	520	390	400	
3	귤	202	200	255	198	170	167	
4	바나나	215	210	248	233	199	284	
5	딸기	246	210	198	220	287	266	
6	포도	293	265	233	209	287	311	
7	멜론	314	290	284	233	200	296	
8	복숭아	357	320	319	298	315	388	
9	키위	400	290	356	391	404	396	
10	파인애플	423	398	380	327	399	315	

월별 상품 판매량의 표를 작성했다.

이 표의 행과 열을 서로 바꾸려면 복사&붙여넣기로 다른 표를 만들거나, 다시 표를 다시 만들어야 하는 걸까요?

여기에서 챗GPT에 표의 행과 열을 즉시 바꿀 수는 없는지 물어봤습니다.

> 엑셀 표의 행과 열을 서로 바꾸고 싶을 때, 어떤 방법이 있어?

> 엑셀에서 표의 행과 열을 서로 바꾸는 방법은 여러가지가 있습니다. 아래에 그 방법을 설명합니다.
>
> 방법 1: 복사하여 붙여넣기를 통한 행/열 바꾸기

1. 변경할 표를 선택합니다.
2. 복사(Ctrl + C) 합니다.
(중략)

방법 2: 함수를 사용한 행/열 바꾸기
엑셀의 TRANSPOSE 함수를 사용하여 행/열을 바꿀 수 있습니다. 이 방법은 동적으로 데이터를 연결하고 싶은 경우에 유용합니다.
1. TRANSPOSE 함수를 사용할 영역을 선택합니다.
2. 선택한 영역에 =TRANSPOSE(원본 범위) 수식을 입력합니다.
(이하 생략)

가로 세로를 바꾸고 싶은 데이터를 범위 선택 후 행/열 바꾸기 기능을 이용하여 바꾸는 방법과 **TRANSPOSE 함수**를 이용하는 방법이 있다고 답변을 받았습니다.

▼ TRANSPOSE 함수 사용법에 대해 질문하기

여기에서는 TRANSPOSE 함수를 사용하기로 합니다. 챗GPT의 답변에 이어, 'TRANSPOSE 함수는 어떻게 사용해야 하는지'에 대해 질문해 보겠습니다.

> 🔍 TRANSPOSE 함수는 어떻게 지정해서 사용해?

> ◉ TRANSPOSE 함수는 엑셀에서 배열을 변환하여 행과 열을 바꾸는 데 사용됩니다. 이 함수는 원본 데이터의 행과 열을 서로 교환하여 새 배열로 출력합니다. 배열 수식이기 때문에 Ctrl + Shift + Enter 키를 사용해 입력해야 합니다. 아래는 TRANSPOSE 함수를 사용하는 방법입니다.
>
> 1. TRANSPOSE 함수로 변환할 데이터 범위를 확인합니다.
>   - 예: A1:C2 (원본 데이터의 범위)
> 2. 변환된 데이터가 표시될 범위를 선택합니다.

- 원본 데이터가 2행 3열이라면, 결과는 3행 2열이 됩니다. 따라서 3개의 행과 2개의 열에 해당하는 셀 범위를 선택합니다.

(이하 생략)

TRANSPOSE 함수는 가로, 세로로 바꾸고 싶은 표의 범위를 확인하여 다른 위치의 셀에 TRANSPOSE 함수로 이 표의 범위를 인수로 지정하기만 하면 되는 것 같습니다.

실제로 작성한 표 아래에 표의 셀 범위를 인수로 지정한 TRANSPOSE 함수를 입력하고 엔터 키를 눌러봤습니다. 그랬더니 즉시 행과 열이 바뀐 표가 표시되었습니다.

| A12 | | f_x | =TRANSPOSE(A1:G10) | | | | | | | | |

	A	B	C	D	E	F	G	H	I	J	K	L
1	상품	1월	2월	3월	4월	5월	6월					
2	사과	510	500	480	520	390	400					
3	귤	202	200	255	198	170	167					
4	바나나	215	210	248	233	199	284					
5	딸기	246	210	198	220	287	266					
6	포도	293	265	233	209	287	311					
7	멜론	314	290	284	233	200	296					
8	복숭아	357	320	319	298	315	388					
9	키위	400	290	356	391	404	396					
10	파인애플	423	398	380	327	399	315					
11												
12	상품	사과	귤	바나나	딸기	포도	멜론	복숭아	키위	파인애플		
13	1월	510	202	215	246	293	314	357	400	423		
14	2월	500	200	210	210	265	290	320	290	398		
15	3월	480	255	248	198	233	284	319	356	380		
16	4월	520	198	233	220	209	233	298	391	327		
17	5월	390	170	199	287	287	200	315	404	399		
18	6월	400	167	284	266	311	296	388	396	315		
19												

TRANSPOSE 함수를 사용하면 즉시 표의 행과 열이 바뀐 표를 작성할 수 있다.

챗GPT × 엑셀에서는 엑셀에서 구현하고 싶은 것을 챗GPT에 질문하고, 그 답변에 따라 엑셀에서 함수 등을 지정하면 **그동안 고민하던 기능이나 어떻게 구현해야 할지 몰랐던 기능을 바로 실행할 수 있게 됩니다.**

챗GPT는 10배 빠른 속도로 효과를 발휘하지만 엑셀과 함께 사용하면 그 이상의 시간 단축으로 이어져 엄청난 효과를 낼 수 있습니다. 엑셀을 자주 이용하는 회사나 부서에서는 분명 한두 명쯤 엑셀에 능통한 직원이 있겠죠. 그런 직원들 대신에 챗GPT를 나만의 선생님으로 삼아 보세요.

ƒx 3-05 회계 데이터 분석하기

인터넷과 조합하기

많은 기업에서 엑셀을 활용하지만 그 쓰임새는 다양합니다. 일상적인 영업 보고를 정리하거나 상품 재고 관리, 설문 조사 집계, 재무 수치를 입력해 본격적인 경영 분석에 활용하는 기업도 있을 테죠.

자사의 경영 분석뿐만 아니라 챗GPT를 이용하면 타사의 경영 분석도 가능합니다. 단, 챗GPT는 특정 시기까지의 데이터만 학습한 상태이므로 오래된 정보를 기반으로 한 분석만 할 수 있습니다.

그럴 때는 **인터넷과 조합해서 사용**해 봅시다. 스크래핑이 가능한 페이지라면 스크래핑을 지원하는 GPT 모델을 통해 해당 인터넷의 정보를 곧장 읽어서 분석을 요청할 수 있지만, 여기에서는 알아보고자 하는 기업의 재무 수치를 직접 인터넷 등을 통해 손에 넣는 방법을 살펴보겠습니다.

예를 들어, 네이버페이 증권 사이트 등에서 회사명을 검색하면 해당 회사의 실적과 기간별 재무 수치를 쉽게 얻을 수 있습니다. 이러한 데이터를 다음과 같이 엑셀 표로 정리해 두고, 이를 챗GPT에 분석하게 해 봅시다.

A7			ƒx					
	A	B	C	D	E	F	G	H
1					(단위: 천 달러)			
2		2023년 1월기	2022년 1월기	2021년 1월기	2020년 1월기			
3	매출액	26,974,000	26,914,000	16,675,000	10,918,000			
4	영업이익	4,224,000	10,041,000	4,532,000	2,846,000			
5	세전이익	4,181,000	9,941,000	4,409,000	2,970,000			
6	당기순이익	4,368,000	9,752,000	4,332,000	2,796,000			
7								

한 기업의 재무제표를 바탕으로 엑셀에서 표로 작성했다.

이 표를 바탕으로 챗GPT에서 이 회사의 경영 분석을 해달라고 지정했습니다. 표는 엑셀의 표를 범위 지정하여 복사하여 붙여넣었습니다.

○ 아래 표를 바탕으로 영업 분석을 해 줘.

(단위: 천 달러)

	2023년 1월기	2022년 1월기	2021년 1월기	2020년 1월기
매출액	26,974,000	26,914,000	16,675,000	10,918,000
영업이익	4,224,000	10,041,000	4,532,000	2,846,000
세전이익	4,181,000	9,941,000	4,409,000	2,970,000
당기순이익	4,368,000	9,752,000	4,332,000	2,796,000

◉ 주어진 표를 바탕으로 2020년부터 2023년까지의 영업 성과를 분석하겠습니다.

1. 매출액 분석

- 매출액 추세:

  - 2020년 1월기: 10,918,000천 달러

  - 2021년 1월기: 16,675,000천 달러

  - 2022년 1월기: 26,914,000천 달러

  - 2023년 1월기: 26,974,000천 달러

- 연평균 성장률:

  - 2020년에서 2021년 사이: 약 52.7% 증가

  - 2021년에서 2022년 사이: 약 61.4% 증가

  - 2022년에서 2023년 사이: 약 0.2% 증가

- 분석: 매출액은 2020년부터 2022년까지 빠르게 증가했습니다. 특히 2022년에 큰 성장을 기록했습니다. 하지만 2023년에는 매출 성장이 거의 멈추며 정체 상태를 보였습니다. 이는 시장 포화, 경쟁 증가, 또는 제품/서비스의 수요 감소 등의 요인일 수 있습니다.

(이하 생략)

전반적으로 챗GPT의 분석은 대략적이고 극히 일반적인 답변이라고 할 수 있지만 프롬프트에 기업명이나 분석하고자 하는 항목 등을 지정하거나 해당 기업의 최근 동향을 추가 입력하면 더 자세하게 분석해 줍니다.

한편 이 챗GPT의 답변을 자사의 경영 전략에 반영할 때는 반드시 전문가가 검증해야 합니다. 챗GPT는 아무렇지도 않게 거짓말로 답변할 때가 있기 때문입니다.

하지만 신입사원이라도 챗GPT를 활용하면 이 정도의 일은 즉시 가능해집니다. 이러한 결과를 보고서나 제안서 등에 넣으면 여러분에 대한 평가도 높아지지 않을까요?

fx 3-06 엑셀 매크로 알아보기

엑셀 작업 자동화하기

챗GPT를 통해 엑셀의 함수 및 그 활용법을 알 수 있었습니다. 그런데 이건 엑셀의 매크로도 마찬가지입니다.

엑셀에는 **매크로**라는 기능이 있습니다. 매크로란 여러 작업이나 절차를 하나로 묶어 필요한 순간 호출하여 사용할 수 있는 기능입니다. 엑셀의 매크로는 **VBA**(Visual Basic for Applications)라는 프로그래밍 언어로 작성됩니다.

프로그래밍이라거나 VBA라니, 엑셀 조작 자체도 어려운데 매크로까지 손을 댈 수 없다는 분도 적지 않습니다. 실제로 해 보기 전까지는 덮어놓고 싫어하는 사람도 많을 테죠.

예를 들어 매일 혹은 매주, 매월 등 반드시 작성해야 하는 표가 있다고 가정해 봅시다. 매일 작성하는 영업 보고서든 월말에 제출하는 비용 정산서든 상관없습니다.

이러한 서류를 엑셀로 작성할 때는 먼저 템플릿 파일을 만들어 놓고 이를 복사하여 재사용하는 것이 일반적일 것입니다. 하지만 이 템플릿 파일이 어디론가 사라져서 찾을 수 없다면 어떻게 해야 할까요? 이전에 만들어서 인쇄한 것을 보면서 다시 입력해야 하는 상황이 발생할 수 있습니다.

하지만 만약 이것이 매크로로 작성되어 있다면 어떨까요? 필요한 매크로를 실행하기만 하면 필요한 서류의 템플릿이 자동으로 만들어집니다.

매크로를 활용한다는 것은 이른바 **엑셀 작업을 자동화하는 방법**입니다.

▼ 매크로 작성 방법

매크로를 작성하는 방법을 알아봅시다. 시트를 열고 메뉴에서 '보기'를 선택합니다. 보기 탭 화면이 열리면 오른쪽 끝에 있는 '매크로' 버튼을 클릭하고 '매크로 보기'를 선택합니다. 그러면 '매크로' 대화 상자가 열립니다.

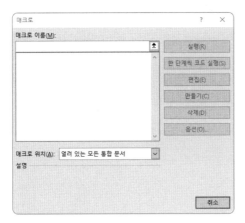

'매크로' 대화 상자

  여기에 추가된 매크로 목록이 표시되므로 실행할 매크로를 지정하고 '실행' 버튼을
클릭하면 됩니다.

  이것만으로 매크로가 실행됩니다. 단, 지금은 아직 매크로를 추가하지 않았기 때문
에 '매크로' 대화 상자에는 아무것도 표시되지 않습니다.

  그럼 실제로 매크로를 만들어서 시트에 추가해 보죠. 여기서는 예시로서 비용 정산
서 표를 작성하기 위한 매크로를 만들어 보겠습니다.

  매크로를 만든다고 해도 그리 어려운 작업은 아닙니다. 경비 정산서 매크로를 만든
다면 평소와 마찬가지로 셀에 문자열을 입력하고 표를 작성합니다. 다만, 그 키 조작
자체를 엑셀이 기억하게 하고, 이를 매크로로 저장하면 됩니다.

  예를 들어, A1 셀에 '날짜', B1 셀에 '결제처', C1 셀에 '금액'을 입력한 표를 작성한
다고 가정해 봅시다. 키 조작을 기억시키기 위해 시트를 연 후에 우선 '보기' 탭 화면
의 '매크로' 버튼을 클릭하고 '매크로 기록'을 지정합니다.

  '매크로 기록' 대화 상자가 나타나면 매크로 이름을 확인 및 변경하고, 필요한 경우
매크로 저장 위치, 단축키, 설명 등을 입력합니다. 문제가 없으면 '확인' 버튼을 클릭합
니다.

그러면 이후의 키 조작, 입력 등이 매크로로 기록됩니다. 여기서는 A1 셀에 '날짜', B1 셀에 '결제처', C1 셀에 '금액'을 입력했습니다.

조작이 끝나면 '매크로' 버튼을 클릭한 후 메뉴에서 '기록 중지'를 클릭합니다.

01 '매크로'를 클릭하고(①), 매크로 메뉴에서 '매크로 기록'을 선택한다(②).

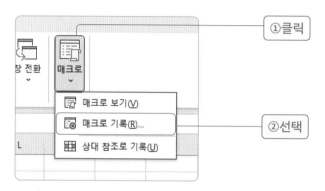

02 '매크로 기록' 대화 상자가 나오므로, 매크로 이름을 확인, 변경하고(①), 필요한 경우 매크로 저장 위치, 바로 가기 키, 설명 등을 입력한다(②). 다 됐으면 '확인' 버튼을 클릭한다(③).

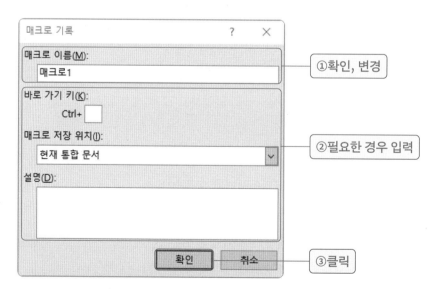

03 '매크로' 버튼을 클릭하고(①), '기록 중지'를 클릭한다(②).

그럼, 지금 작성한 매크로를 실행해 봅시다. 입력한 문자열을 모두 삭제하고 매크로 메뉴에서 '매크로 보기'를 선택합니다. 그러면 방금 만든 매크로가 여기에 추가되어 있을 것입니다.

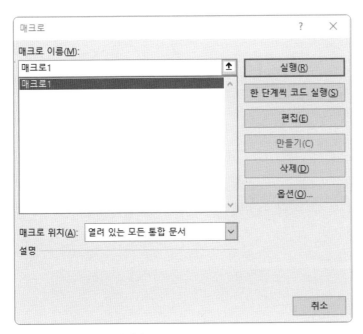

작성한 매크로가 추가되어 있다.

이 매크로를 선택하고 '실행' 버튼을 클릭해 보세요. 매크로가 실행되고, A1, B1, C1 셀에 문자열이 입력된다면 매크로가 실행되어 자동으로 조작된 것입니다.

실제로 기록된 매크로의 내용은 보기 탭에서 '매크로' - '매크로 보기'를 지정하고, '매크로' 대화 상자에서 내용을 표시할 매크로를 선택한 상태에서 '편집' 버튼을 클릭합니다. 그러면 VBA의 편집기 화면이 열립니다.

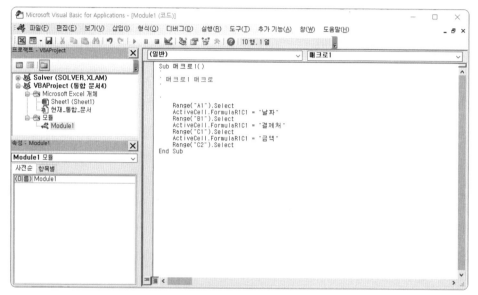

VBA 편집기 화면. 지정한 매크로의 내용이 표시된다.

프로그래밍을 처음 접하는 사람이라면 이 화면이 열렸을 때 거의 의미를 알 수 없을 것입니다. 하지만 이 화면에서 VBA 언어로 프로그램을 편집하면 매크로의 동작을 변경하거나 매크로에 다른 기능을 추가하는 등의 작업을 할 수 있습니다. 엑셀을 좀 더 깊이 있게 공부하고 싶다면 매크로와 VBA에 대해 공부해 보기를 추천합니다.

3-07 매크로를 만드는 비결과 프롬프트

단번에 매크로를 만든다

엑셀의 매크로나 VBA를 조금 사용해 보고 편리함을 느꼈다면, 이번에는 직접 매크로를 만들어 사용해 봅시다. 하지만 VBA를 배우기에는 조금 부담스러울 수 있습니다. 이럴 때일수록 챗GPT를 사용해야 합니다. 예를 들어, 챗GPT에 다음과 같이 지정하여 질문해 봅시다.

> 🔍 엑셀에서 A1 셀부터 F20 셀까지의 표를 만들었어. 이 표에서 A1 셀의 배경색을 회색으로, 2번째 행부터 20번째 행까지 1행 간격으로 배경색을 설정하고 싶은데, 매크로로 어떻게 작성해야 해?

> ◎ 엑셀에서 매크로를 사용하여 A1 셀의 배경색을 회색으로 설정하고, 2번째 행부터 20번째 행까지 홀수 행마다 배경색을 설정하는 매크로를 작성하는 방법을 설명드리겠습니다.

매크로 코드 작성 방법

1. 엑셀에서 매크로를 활성화합니다.
2. 아래 코드를 복사하여 VBA 편집기에 붙여넣습니다.

```vba
Sub SetBackgroundColors()
    ' A1 셀의 배경색을 회색으로 설정
    Range("A1").Interior.Color = RGB(192, 192, 192) ' RGB(192, 192, 192)은 회색

    ' 2번째 행부터 20번째 행까지 홀수 행의 배경색 설정
    Dim i As Integer
    For i = 2 To 20 Step 2
        Range("A" & i & ":F" & i).Interior.Color = RGB(220, 230, 241) ' 여기서 RGB 값을 원하
    Next i
End Sub
```

(이하 생략)

챗GPT는 즉시 VBA 매크로를 표시하고, 설정 방법, 매크로 등록 방법, 그리고 매크로 실행 방법까지 자세하게 설명해 주었습니다. 매크로 부분은 'vba'라고 적힌 곳에 있으며, 오른쪽 상단에 '코드 복사'라는 버튼이 표시되어 있습니다.

▼ 매크로를 엑셀 시트에 통합하는 방법

이 매크로를 엑셀 시트에 통합하려면 먼저 엑셀 시트를 열고 Alt + F11 키를 눌러 VBA 편집기를 엽니다. 또는 '개발 도구' 탭에서 'Visual Basic'을 선택합니다.

다음으로 메뉴에서 '삽입' - '모듈'을 지정합니다. 그러면 새로운 모듈 생성 화면으로 전환됩니다. 여기에 VBA 코드를 붙여넣어야 하는데, 이것은 챗GPT의 답변에 있는 '코드 복사' 버튼을 클릭하여 클립보드에 코드를 복사하여 표준 모듈의 편집기 화면에 붙여넣기만 하면 됩니다.

이것으로 완료입니다. '파일' 메뉴를 클릭하고 '저장' 메뉴를 클릭합니다. 이제 열려 있던 시트에 방금 만든 매크로가 저장되었습니다.

01 Alt + F11 키를 누르거나, '개발 도구' 탭에서 'Visual Basic'을 선택하여 VBA 편집 기를 연다.

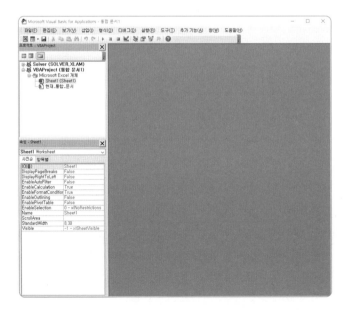

02 '삽입' 메뉴에서 '모듈'을 선택한다.

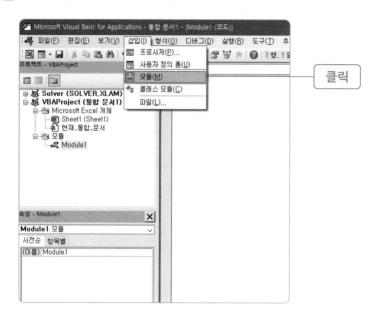

03 챗GPT가 작성한 코드를 복사&붙여넣기한다.

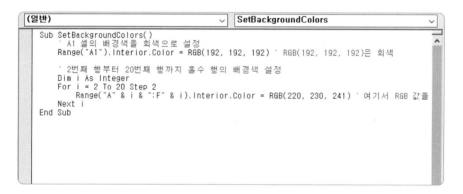

```
Sub SetBackgroundColors()
    ' A1 셀의 배경색을 회색으로 설정
    Range("A1").Interior.Color = RGB(192, 192, 192) ' RGB(192, 192, 192)은 회색

    ' 2번째 행부터 20번째 행까지 홀수 행의 배경색 설정
    Dim i As Integer
    For i = 2 To 20 Step 2
        Range("A" & i & ":F" & i).Interior.Color = RGB(220, 230, 241) ' 여기서 RGB 값을
    Next i
End Sub
```

04 파일 형식을 'Excel 매크로 사용 통합 문서'로 저장한다.

▼ 실제로 매크로가 동작하는지 테스트하기

실제로 매크로가 동작하는지 확인해 봅시다. '보기' 탭 화면에서 '매크로'를 클릭하고 '매크로 보기'를 선택합니다. 그러면 '매크로' 대화 상자가 열리는데, 여기에 방금 추가한 'SetBackgroundColors'라는 이름의 매크로가 표시됩니다. 이 매크로를 선택하고 '실행' 버튼을 클릭합니다.

01 '보기' 탭 화면에서 '매크로'를 클릭하고(①), '매크로 보기'를 선택한다(②).

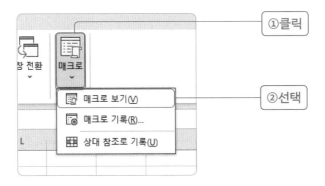

02 '매크로' 대화 상자에서 추가된 매크로를 선택하고(①), '실행' 버튼을 클릭한다(②).

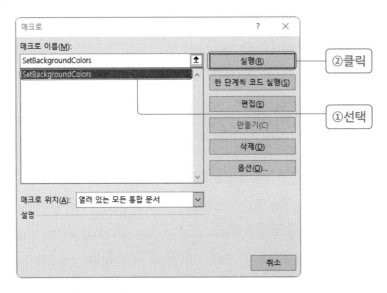

03 엑셀의 표가 지정한 것처럼 배경색이 바뀌었다.

	A	B	C	D	E	F	G
1	날짜	상품명	결제처	금액	비고	담당자	
2	2023-12-01	음료수	커피숍	16,000	업무 중 음료	김하늘	
3	2023-12-02	저녁식사	해물탕집	52,000	사내 회식	유정희	
4	2023-12-03	점심식사	중식당	34,000	고객 미팅	유정희	
5	2023-12-04	간식	제과점	6,800	간식 시간	최정민	
6	2023-12-05	음료수	스타벅스	9,200	업무 중 음료	유정희	
7	2023-12-06	저녁식사	고기집	108,000	팀 회식	김하늘	
8	2023-12-07	점심식사	분식집	22,000	외부 미팅	최준호	
9	2023-12-08	간식	카페	5,500	업무 간식	최준호	
10	2023-12-09	음료수	편의점	7,000	업무 중 음료	유정희	
11	2023-12-10	저녁식사	스시집	85,000	회식	김하늘	
12	2023-12-11	점심식사	중화요리집	32,000	팀 회식	최준호	
13	2023-12-12	교통비	KTX	45,000	고객 방문	최준호	
14	2023-12-12	음료수	카페	9,000	고객 방문	최준호	
15	2023-12-14	저녁식사	BBQ	18,000	사무실 회식	유정희	
16	2023-12-15	경비	홈플러스	35,000	사무실 비품	김하늘	
17	2023-12-16	간식	빵집	9,000	오후 간식	최준호	
18	2023-12-17	음료수	GS25	4,600	업무 중 음료	김하늘	
19	2023-12-18	중식	푸드코트	7,000	회의 중 간식	김하늘	
20	2023-12-19	저녁식사	한식당	50,000	사내 회식	유정희	
21							

챗GPT로 만든 매크로, 여기서는 A1 셀을 회색으로, 나머지는 한 행마다 배경색을 변경하는 매크로가 제대로 작동했습니다. 이처럼 챗GPT를 이용하면 엑셀 매크로도 놀라울 정도로 쉽게 만들 수 있습니다.

포인트

챗GPT를 이용하면 쉽게 자신만의 매크로를 만들 수 있다.

앞선 항목에서 작성한 매크로는 사실 제가 상상했던 동작과 조금 다릅니다.

원래 첫 번째 줄은 각 열이 어떤 내용을 담고 있는지에 대한 설명을 쓴 행이므로 A1 셀뿐만 아니라 행 전체의 배경색을 전부 회색으로 설정하고 싶었습니다. 또한 다음 행부터 한 줄 간격으로 배경색을 추가했는데, 이 배경색은 연한 녹색으로 바꾸고 싶습니다.

더 욕심을 낸다면 표 전체를 조금 굵은 테두리로 외곽선을 넣고 싶습니다. 이런 식으로 변경할 수 없을까요?

VBA를 조금만 공부하면 이러한 변경은 쉽게 할 수 있다는 것을 알 수 있습니다. 예를 들어, 챗GPT가 만든 코드 중 다음과 같은 행이 있었습니다.

```
'A1 셀의 배경색을 회색으로 설정
Range("A1").Interior.Color = RGB(192, 192, 192) 'RGB(192, 192, 192)은 회색
```

이것은 A1 셀의 배경색을 회색으로 만드는 설정입니다. A1부터 F1까지 회색으로 설정하려면 다음과 같이 변경하면 됩니다.

```
Range("A1:F1").Interior.Color = RGB(192, 192, 192)
```

하지만 전부 다 이렇게 쉽게 변경할 수 있는 것은 아닙니다. 또한 작성한 매크로에 따라 제대로 작동하지 않는 경우도 있습니다. 이럴 때는 역시 **챗GPT에 코드를 붙여넣고 해결책을 물어봅시다.**

예를 들어, 한 줄 간격으로 들어가는 배경색을 옅은 녹색으로 변경하려면 어떻게 해야 하는지 물어봤습니다.

> 🔘 다음 VBA 코드에서 한 줄 간격으로 배경색으로 설정할 색을 옅은 녹색으로 수정해 줘.
> (코드 붙여넣기)

이 질문에서 '(코드 붙여넣기)'라고 기재한 부분은 VBA 코드를 입력할 부분입니다. 매크로를 추가한 시트의 메뉴에서 '매크로' - '매크로 보기'를 지정하고, 나타나는 '매크로' 대화 상자에서 변경하고자 하는 매크로를 선택한 후 '편집' 버튼을 클릭합니다.

그러면 VBA 편집기 화면이 표시되므로, 앞쪽 끝부터 뒤쪽 끝까지 드래그하여 선택한 후 Ctrl + C 키를 눌러 클립보드에 복사합니다.

그런 다음 챗GPT의 채팅을 열고 위의 질문에 이어 Ctrl + V 키를 눌러 클립보드에 복사해둔 코드를 붙여넣습니다.

> 🔘 다음 VBA 코드에서 한 줄 간격으로 배경색으로 설정할 색을 옅은 녹색으로 수정해 줘.
> Sub SetBackgroundColors()
>   Dim i As Integer
>   For i = 2 To 20 Step 2
> (이하 생략)

> ◉ VBA 코드에서 한 줄 간격으로 배경색을 옅은 녹색으로 설정하려면 RGB 함수의 값을 옅은 녹색으로 수정해야 합니다. 옅은 녹색의 RGB 값은 (144, 238, 144)입니다.
> 다음은 수정된 VBA 코드입니다:

```vba
Sub SetBackgroundColors()
    Dim i As Integer
    For i = 2 To 20 Step 2
        Range("A" & i & ":F" & i).Interior.Color = RGB(144, 238, 144) ' RG
    Next i
End Sub
```

(이하 생략)

이제 챗GPT에서 답변이 표시됩니다. 답변에는 녹색으로 설정하기 위한 지정이 추가되어 있습니다. '코드 복사'를 클릭해 클립보드에 복사하여 엑셀의 VBA 편집기 화면에서 Ctrl + V 키를 눌러 붙여넣기만 하면 됩니다.

앞서와 마찬가지로 엑셀의 '파일' 메뉴에서 이 매크로를 저장하고 실제로 매크로를 실행해 봅시다. 테이블이 한 행마다 배경색이 설정되어 있고, 이 색이 옅은 녹색으로 바뀌면 성공입니다.

	A	B	C	D	E	F	G	H	I	J
1	날짜	상품명	결제처	금액	비고	담당자				
2	2023-12-01	음료수	커피숍	16,000	업무 중 음료	김하늘				
3	2023-12-02	저녁식사	해물탕집	52,000	사내 회식	유정희				
4	2023-12-03	점심식사	중식당	34,000	고객 미팅	유정희				
5	2023-12-04	간식	제과점	6,800	간식 시간	최정민				
6	2023-12-05	음료수	스타벅스	9,200	업무 중 음료	유정희				
7	2023-12-06	저녁식사	고기집	108,000	팀 회식	김하늘				
8	2023-12-07	점심식사	분식집	22,000	외부 미팅	최준호				
9	2023-12-08	간식	카페	5,500	업무 간식	최준호				
10	2023-12-09	음료수	편의점	7,000	업무 중 음료	유정희				
11	2023-12-10	저녁식사	스시집	85,000	회식	김하늘				
12	2023-12-11	점심식사	중화요리집	32,000	팀 회식	최준호				
13	2023-12-12	교통비	KTX	45,000	고객 방문	최준호				
14	2023-12-12	음료수	카페	9,000	고객 방문	최준호				
15	2023-12-14	저녁식사	BBQ	18,000	사무실 회식	유정희				
16	2023-12-15	경비	홈플러스	35,000	사무실 비품	김하늘				
17	2023-12-16	간식	빵집	9,000	오후 간식	최준호				
18	2023-12-17	음료수	GS25	4,600	업무 중 음료	김하늘				
19	2023-12-18	중식	푸드코트	7,000	회의 중 간식	김하늘				
20	2023-12-19	저녁식사	한식당	50,000	사내 회식	유정희				

지면으로는 보기 어려울 수 있지만, 1행 간격으로 녹색 배경이 설정되었다.

챗GPT를 이용하면 **자유롭게 엑셀 매크로를 만들거나 매크로를 수정할 수 있습니다**. 챗GPT는 텍스트 생성형 AI이지만, 문장을 만드는 것뿐 아니라 프로그래밍도 잘합니다. 이러한 챗GPT의 기능을 활용하면 엑셀을 더욱 편리하게 활용할 수 있을 것입니다.

> **포인트**
>
> 챗GPT는 문장 생성뿐만 아니라 프로그래밍도 특기 분야 중 하나다.

3-09 구글 스프레드시트에서 GPT 함수 활용할 준비하기

'GPT for Sheets and Docs' 애드인 사용하기

엑셀에서 함수와 매크로를 활용하는 기본적인 방법을 알았다면, 이제 엑셀과 챗 GPT를 연동하여 쓸 수 있는 함수를 사용해 봅시다.

지금까지는 챗GPT를 엑셀 작업 등에 활용해 기능을 설명해 달라고 하거나 수식, 함수, 매크로 등을 작성하는 방법을 알아보기도 했지만, 사실 챗GPT와 엑셀을 연동하는 더 편리한 방법이 있습니다.

이런 편리한 방법 중 하나로, **GPT 함수** 및 관련 함수를 이용하는 방식이 있습니다. 단, 이 GPT 함수는 엑셀에서는 사용할 수 없으며, 구글에서 제공하는 **구글 스프레드시트**를 사용해야 합니다. 구글 스프레드시트는 엑셀과 비슷한 기능을 쓸 수 있으며 엑셀과 호환성이 있는 웹 애플리케이션으로, 구글 계정(Gmail 주소)을 가지고 있는 사람이라면 누구나 사용할 수 있습니다.

물론 엑셀에서도 이 GPT 함수와 유사한 기능을 사용할 수 있지만, 이는 제4장에서 자세히 설명하도록 하고, 여기에서는 이 구글 스프레드시트를 사용하는 방법을 먼저 살펴보겠습니다.

이 구글 스프레드시트에는 '**GPT for Sheets and Docs**'라는 애드인(부가기능)이 있는데, 이 애드인을 통해 스프레드시트에서 챗GPT를 사용할 수 있습니다.

애드인이란 기능을 추가하기 위한 프로그램으로, 'GPT for Sheets and Docs' 애드인을 이용하면 구글 스프레드시트에서 직접 챗GPT를 조작할 수 있습니다.

▼ 'GPT for Sheets and Docs' 애드인 설치 방법

Google 스프레드시트에서 'GPT for Sheets and Docs' 애드인을 사용하기 위해서는 먼저 스프레드시트에 애드인을 설치해야 합니다.

우선 새 스프레드시트 시트를 엽니다. '확장 프로그램' 메뉴에서 '부가기능' - '부가기능 설치하기'를 선택합니다.

'Google Workspace Marketplace' 창이 열리면 '앱 검색' 상자에 GPT, 챗GPT 등을 입력해 챗GPT 관련 애드인을 찾습니다. 여기서는 'GPT for Sheets and Docs'라는 이름으로 등록되어 있으므로 이 이름을 직접 지정해도 됩니다.

'GPT for Sheets and Docs'를 찾으면 이를 클릭합니다. 자세한 내용이 표시되면 화면 오른쪽 상단에 있는 '설치' 버튼을 클릭합니다.

01 '빈 스프레드시트'를 지정하여 새 스프레드시트를 연다.

02 시트에서 '확장 프로그램' – '부가기능' – '부가기능 설치하기'를 선택한다.

03 'Google Workspace Marketplace' 창이 열린다.

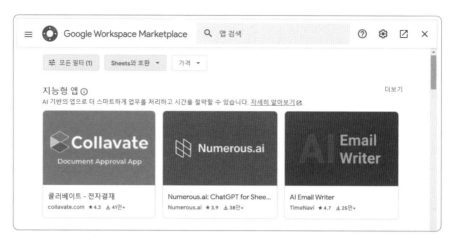

04 'Google Workspace Marketplace'에서 'GPT for Sheets and Docs'를 찾아서 클릭한다.

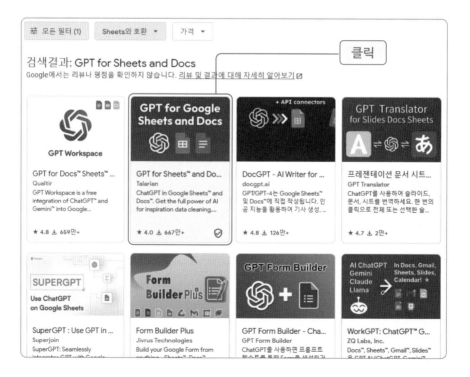

05 애드인을 찾았으면 상세 설명 페이지에서 '설치' 버튼을 클릭한다.

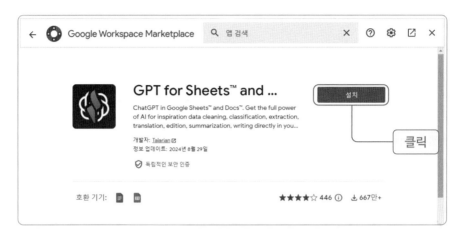

06 '설치 가능' 대화 상자가 나오므로, '계속'을 클릭한다.

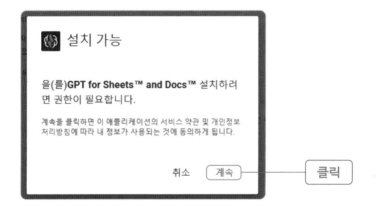

07 잠시 후 애드인 설치가 완료된다.

08 '확장 프로그램' 메뉴에 'GPT for Sheets and Docs'가 추가되었다.

화면의 지시에 따라 조작하면 애드인 설치가 완료됩니다. 설치가 완료되면 '확장 프로그램' 메뉴를 확인해 보세요. 여기에 'GPT for Sheet and Docs'라는 메뉴가 추가되어 있다면 성공입니다.

참고로 이 'GPT for Sheet and Docs'는 이름에서 알 수 있듯이 스프레드시트뿐만 아니라 '구글 문서(Docs)'에서도 사용할 수 있습니다. 또한 구글 스프레드시트가 아닌 구글 문서에서 애드인을 설치할 수도 있습니다.

애드인을 설치하지 못하고 오류가 발생하는 경우 브라우저의 쿠키를 삭제한 후 설치한다. 다른 애드인을 설치하거나 애드인 설치에 실패했을 때 등 그 정보가 쿠키에 남아 있어 제대로 설치되지 않을 수 있다.

쿠키를 삭제하려면, 예를 들어 크롬 브라우저를 사용하는 경우 브라우저 메뉴에서 '설정'을 선택하고, '개인 정보 보호 및 보안' – '인터넷 사용 기록 삭제'를 선택하면 나타나는 '인터넷 사용 기록 삭제' 대화 상자에서 '쿠키 및 기타 사이트 데이터'에 체크 표시가 되어 활성화된 것을 확인한 후 '데이터 삭제' 버튼을 눌러 쿠키를 삭제하면 된다.

브라우저의 **쿠키를 삭제한다**. 화면은 Chrome의 예.

fx 3-10 애드인에 OpenAI API 키 등록하기
애드인에서 챗GPT를 사용할 수 있도록 설정하기

애드인 설치만으로는 아직 스프레드시트와 챗GPT를 연동할 수 없습니다. 연동을 위해서는 **챗GPT의 API 키**가 필요합니다.

API란 서비스를 이용하기 위해 앱의 사용자가 누구인지 식별하기 위한 것으로, 챗 GPT를 제공하는 OpenAI에서 API 키를 발급하고 있습니다.

OpenAI의 API 키 페이지(https://platform.openai.com/api-keys)에 접속하여 챗GPT를 사용하는 계정으로 로그인합니다. 그러면 'API keys' 페이지가 표시되며, 이 페이지에서 OpenAI의 API 키를 얻을 수 있습니다.

API 키를 발급받으려면 페이지 내의 'Create new secret key' 버튼을 클릭합니다.

그러면 'Create new secret key' 대화 상자가 나오는데, 여기에서 'Create secret key' 버튼을 클릭합니다. 이제 API 키가 생성되어 표시되고 선택 상태가 되므로 이 키를 클립보드에 복사합니다.

그런 다음 구글 스프레드시트로 돌아가서 메뉴에서 '확장 프로그램' - 'GPT for Sheets and Docs'를 실행하면 화면 오른쪽에 'GPT for Sheets and Docs' 창이 나타납니다. 새로 나온 창의 메뉴를 연 후, 중간 부근에 있는 'Set API key'를 클릭합니다.

이후 나오는 창에서 OpenAI에서 가져온 API 키를 설정합니다. 구체적으로는 'Enter your OpenAI API key' 상자에 클립보드에 복사해 둔 OpenAI의 API 키를 붙여넣기만 하면 됩니다.

API 키를 붙여넣은 후 'Save' 버튼을 클릭합니다. 이제 API 키 설정이 완료되었습니다.

01 OpenAI의 API Keys 페이지에서 'Create new secret key' 버튼을 클릭한다.

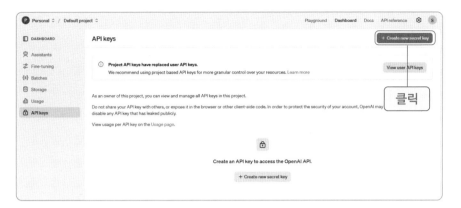

02 'Create new secret key' 대화 상자에서 'Create secret key' 버튼을 클릭한다.

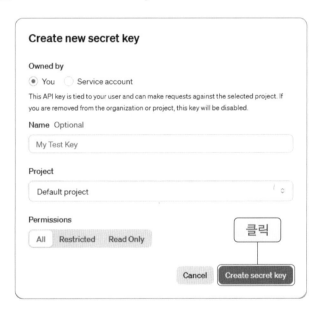

메모

이름 부분은 공백이어도 상관없다.

03 구글 스프레드시트로 돌아가, 메뉴에서 '확장 프로그램' – 'GPT for Sheets and Docs' – 'Open'을 선택한다.

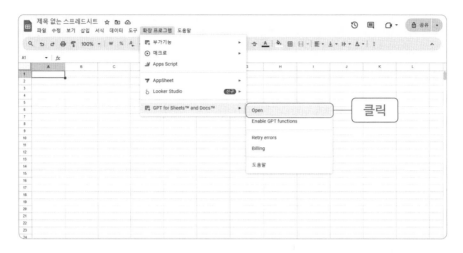

04 'GPT for Sheets and Docs' 화면이 나오면, 왼쪽 상단의 메뉴 버튼을 클릭한 후 중간 부근의 'API keys'를 클릭한다.

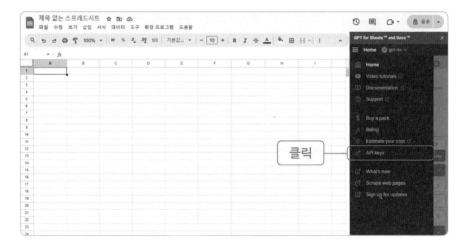

05 상단의 OpenAI API key에 복사해 둔 API key를 붙여넣는다.

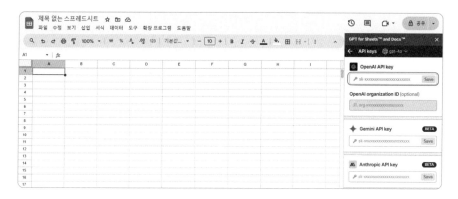

참고로, OpenAI의 API 키는 서비스 초기에는 18달러 분량을 최대 3개월까지 무료로 이용할 수 있었으나 현재는 전면 유료로 전환되었습니다.

유료로 전환되었기 때문에 처음 API 키를 이용할 때도 신용카드 등록이 필요합니다. 이는 OpenAI API keys 페이지에서 우측 상단의 메뉴에서 'Settings' 아이콘(톱니바퀴 모양)을 선택하고, 하위 메뉴의 'Billing' 메뉴를 선택하면 나타나는 페이지에서 등록합니다.

이 페이지에서 'Add payment details' 버튼을 클릭하면 'What best describes you?'라고 적힌 대화 상자가 나타나므로, 개인으로 이용할 경우 'Individual', 법인인 경우 'Company'를 선택하고 추가로 나온 'Add payment details' 대화 상자에서 결제에 사용할 카드 정보를 입력해 등록합니다.

이제 문제가 없으면 OpenAI의 API key를 사용할 수 있게 되었습니다.

01 설정 메뉴의 'Billing' 란에서 'Add payment detail' 버튼을 클릭한다.

02 개인 계정인지 법인 계정인지 선택한다.

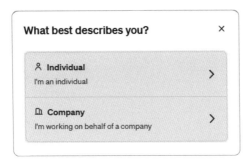

03 결제를 위한 카드 정보를 입력하고 'Continue' 버튼을 클릭하여 등록한다.

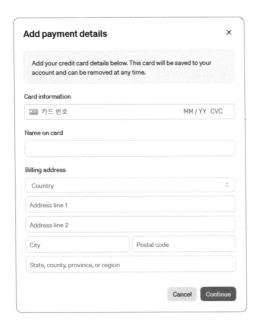

주의!

OpenAI API key는 유료로 제공되며, 이는 챗GPT 유료 버전(챗GPT Plus)의 요금과 별도로 유료 등록해야 한다. 챗GPT Plus와 API key를 이용하려면 둘 다 신용카드를 등록해야 하며, API key만 이용하고 싶다면 API key만 유료로 등록하면 된다.

fx **3-11 스프레드시트에서 GPT 함수 사용하기**

챗GPT 페이지로 이동할 필요가 없다

'GPT for Sheets and Docs'를 설치하면 구글 스프레드시트에서 챗GPT를 사용할 수 있습니다.

구체적으로는 GPT 함수를 지정하여 스프레드시트 내에서 챗GPT의 답변을 가져올 수 있게 됩니다. 예를 들어, A1 셀에 다음과 같이 입력해 봅시다.

=GPT("생성형 AI란?")

A1 셀을 입력하고 엔터 키를 누르면 잠시 후 챗GPT의 답변이 A1 셀에 표시됩니다. 챗GPT의 페이지로 이동하여 지시를 내려 그 답을 얻지 않고도 **스프레드시트 내에서 동일한 작업을 할 수 있는 것입니다.**

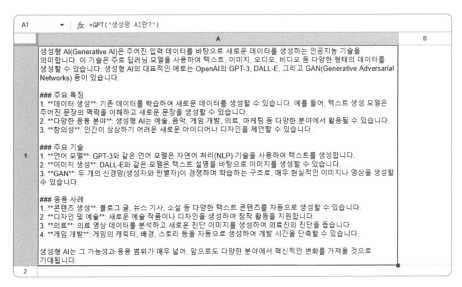

A1 셀에 챗GPT의 답변이 표시되었다.

물론 이것은 하나의 예시일 뿐입니다. GPT 함수를 사용할 수 있다는 말은 예를 들어 A 열의 여러 셀에 질문을 입력하고 B 열에는 GPT 함수를 사용하여 다음과 같이 작성할 수 있다는 것을 의미합니다.

```
=GPT(A1)
```

이 GPT 함수를 입력한 셀을 필요한 만큼 복사하여 붙여넣어 봅시다. 이제 B 열에는 A 열의 질문에 대한 챗GPT의 답변이 자동으로 표시됩니다.

GPT 함수에서는 셀을 참조하거나 챗GPT에 직접 지시나 질문을 작성하여 챗GPT의 답변을 쉽게 표시할 수 있습니다.

B5	▼	fx =GPT(A5 & "의 설립년도는?")		
	A	B	C ▼	D
1	apple	애플(Apple Inc.)은 1976년 4월 1일에 설립되었습니다. ↲		
2	amazon	Amazon은 1994년에 제프 베조스(Jeff Bezos)에 의해 설		
3	google	구글(Google)은 1998년 9월 4일에 설립되었습니다. 설립		
4	microsoft	Microsoft는 1975년에 설립되었습니다. 설립자는 빌 게이		
5	facebook	Facebook은 2004년에 설립되었습니다. 마크 저커버그(ㅁ		
6				

스프레드시트와 챗GPT를 조합하면 평소에 하던 작업을 더욱 편리하고 빠르게 할 수 있어 효율성이 높아집니다. API 키를 과하게 사용하면 그만큼 요금이 발생하지만, GPT 기능을 편리하게 사용할 수 있다면 분명 요금 이상의 성과를 거둘 수 있을 것입니다.

포인트

GPT for Sheets and Docs를 사용하면 스프레드시트 내에서 챗GPT의 답변을 그대로 얻을 수 있다.

3-12 더 자세한 GPT 함수 사용법

'GPT for Sheets and Docs'에서 사용할 수 있는 GPT 함수

GPT 함수에는 몇 가지 지정 방법이 있습니다.

이미 설명했듯이 챗GPT에 직접 지시사항이나 질문을 입력하는 방법, 셀에 지시사항이나 질문을 입력한 후 GPT 함수로 이 셀을 지정하는 방법 등입니다.

추가로 몇 가지 지정 방법도 있으며, GPT 함수 외에도 사용할 수 있는 함수가 있습니다. 이 기능들은 **'GPT for Sheets and Docs' 창에서 참조할 수 있습니다**.

'확장 프로그램' 메뉴에서 'GPT for Sheets and Docs'의 'Open'을 선택하면 열려 있는 시트의 오른쪽에 GPT 함수 창이 나타납니다. 이 창의 중간 부근에 나오는 'List of GPT functions' 항목을 클릭해 보세요. 그러면 'GPT for Sheets and Docs'에서 사용할 수 있는 GPT 관련 함수가 창에 표시됩니다.

GPT 관련 함수 설명 화면.

이 창을 보면 알 수 있듯이 이 확장 프로그램에서는 GPT 함수, GPT_LIST 함수, GPT_HLIST 함수, GPT_SPLIT 함수 등 다양한 함수를 사용할 수 있습니다. 각 함수의 기능 및 지정 방법은 함수명 오른쪽 끝에 있는 버튼을 클릭하면 참조할 수 있습니다.

예를 들어 GPT_LIST 함수를 살펴봅시다. 이 함수는 챗GPT에서 항목별로 답변한 내용을 목록 형식으로 표시하는 함수로, 목록은 각 행에 입력됩니다.

목록 형식의 답변이기 때문에 그대로 스프레드시트 표로 만들 수 있습니다. 업무에

사용할 표를 만들 때, 목록 형식으로 데이터를 정렬하고 싶을 때가 많지 않나요? 지금까지의 작업을 떠올려 보세요. 다양한 데이터에서 목록을 가져와서 표의 각 셀에 입력했을 것입니다.

A1	▼	fx	=(GPT_LIST("서울의 구"))	
	A		B	C
1	강남구			
2	강동구			
3	강북구			
4	강서구			
5	관악구			
6	광진구			
7	구로구			
8	금천구			
9	노원구			
10	도봉구			
11	동대문구			
12	동작구			
13	마포구			

GPT_LIST 함수를 이용하면 즉시 표를 만들 수 있다.

하지만 GPT_LIST 함수를 이용하여 목록화할 명령을 입력하기만 하면 순식간에 목록 표를 만들 수 있습니다.

물론 챗GPT의 답변을 목록 형식으로 가져와서 이를 표로 작성해 주는 것인데, 거의 자동으로 작업은 끝날 것입니다. 나머지는 맞는 내용인지 확인하는 것뿐입니다.

이 GPT_LIST, GPT_HLIST 등 몇 가지 함수는 사실 엑셀에서도 애드인을 넣으면 비슷한 방식으로 사용할 수 있습니다.

챗GPT와 스프레드시트나 엑셀을 조합하여 활용하면 빠른 속도로 표를 만들 수 있습니다. 엑셀에서 이 편리한 애드인을 사용하여 어떤 일을 할 수 있는지 다음 장에서 자세히 설명하겠습니다.

CHAPTER 04

챗GPT API로
함수 사용하기

4-01 챗GPT를 엑셀의 애드인으로 사용하기

최강의 업무 환경이 만들어진다

앞 장에서 소개한 것처럼 구글 스프레드시트에서는 확장 프로그램인 'GPT for Sheets and Docs'를 사용하면 GPT 함수를 사용할 수 있으며, 스프레드시트 내에서 챗GPT의 답변을 얻을 수 있습니다.

마찬가지로 엑셀에서도 애드인을 이용하면 GPT 함수와 유사한 기능을 구현할 수 있습니다. 사용하는 것은 **'ChatGPT for Excel'**이라는 애드인입니다.

▼ 엑셀에서 애드인을 사용하는 방법

엑셀에서 애드인을 사용하려면 먼저 애드인을 추가해야 합니다. 엑셀 화면의 메뉴에서 '개발 도구'를 선택하고 표시된 개발 도구 메뉴 바에서 '추가 기능' 버튼을 클릭합니다. 그러면 'Office 추가 기능' 창이 열립니다.

'Office 추가 기능' 창에서 검색창에 '챗GPT' 등을 입력하여 'ChatGPT for Excel'을 검색해 보세요.

해당 애드인을 찾았다면 오른쪽 끝에 있는 '추가' 버튼을 클릭합니다. 그러면 'ChatGPT for Excel' 애드인 상세 페이지가 표시되며, 이 페이지에서 '추가' 버튼을 클릭합니다.

화면의 지시에 따라 진행하면 엑셀에 'ChatGPT for Excel' 애드인이 추가됩니다.

> **메모**
>
> ChatGPT for Excel 애드인의 일부 기능을 이용하기 위해서는 OpenAI의 API 키가 필요하다. 이 API 키를 얻는 방법은 제3장 '애드인에 OpenAI API 키 등록하기'(130페이지)에서 자세히 설명했으니, 이를 참고하여 API 키를 얻는다.

01 '개발 도구' 메뉴 바의 '추가 기능'을 클릭한다.

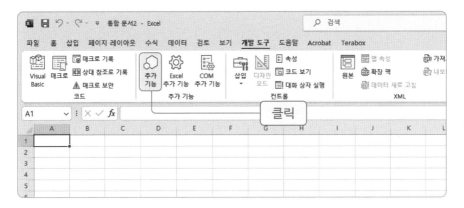

02 'Office 추가 기능' 창이 열렸다면 '챗GPT' 등을 입력하여 애드인을 검색하고(①), 찾았으면 '추가'를 클릭한다(②).

03 애드인의 상세 화면에서 '추가' 버튼을 클릭하여 애드인을 설치한다.

04 '잠시 기다려 주세요...'라는 대화 상자가 표시되면 '계속' 버튼을 클릭한다.

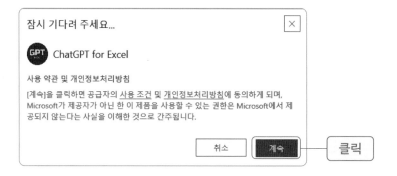

▼ 두 가지 요금제가 있다

OpenAI의 API 키를 얻었다면, 엑셀 화면의 도구 바에 추가된 'ChatGPT for Excel' 버튼을 클릭합니다. 그러면 화면 오른쪽에 'ChatGPT for Excel' 창이 나타납니다.

ChatGPT for Excel 추가 기능은 사용자가 취득한 OpenAI의 API 키를 이용하면 월 5.99달러로 사용할 수 있으며(PRO 요금제), 추가 기능 배포처인 Apps Do의 API 키를 이용하면 월 7.99달러로 사용할 수 있습니다(STARTER 요금제).

PRO 요금제의 경우 OpenAI의 API 키를 사용하여 지시한 것에 대한 답변에는 별도의 API 사용료가 부과됩니다. STARTER 요금제의 경우 배포처인 Apps Do의 API 키를 이용하며 매월 3달러분만큼 무료로 이용할 수 있고 추가 사용 시 별도 수수료를 내야 합니다. 결과적으로 어떤 요금제를 사용하든 현재로서는 큰 차이가 없으므로 편한 방식을 이용하셔도 좋습니다.

여기에서는 직접 구한 OpenAI의 API 키를 사용하여 PRO 요금제를 가입하는 방법을 설명합니다. 결제 정보가 등록되면 ChatGPT for Excel 추가 기능을 사용할 수 있습니다.

01 도구 바에서 'ChatGPT for Excel'을 클릭한다.

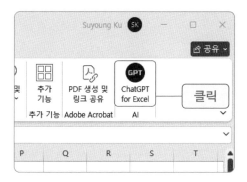

02 오른쪽 끝에 ChatGPT for Excel 창이 표시되므로, 창 왼쪽 메뉴 중 두 번째인 'Plans' 아이콘을 클릭한다.

03 플랜이 표시된 화면으로 바뀐다. 가지고 있는 **API key**를 이용하고 싶은 경우 하단의 **PRO** 요금제에서 **API 키**를 입력하고(①), **GET STARTED**를 클릭하여(②) 가입 절차를 진행한다.

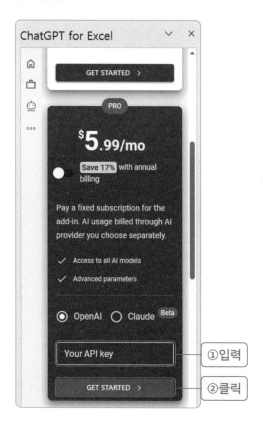

4-02 ChatGPT for Excel을 사용해 콘텐츠 만들기 — AI.ASK 함수

엑셀 내에서 챗GPT와 대화가 가능하다

ChatGPT for Excel 애드인을 설치하면 엑셀 내에서 챗GPT를 활용하는 몇 가지 함수를 사용할 수 있습니다. 예를 들어, 챗GPT에 질문하여 콘텐츠를 생성할 수 있는 **AI.ASK 함수**가 대표적입니다.

AI.ASK 함수는 예를 들어 다음과 같이 지정합니다.

=AI.ASK("생성형 AI란?")

잠시 후, 이 함수를 입력한 셀에 AI.ASK 함수에서 지정한 텍스트에 대한 챗GPT의 답변이 표시됩니다.

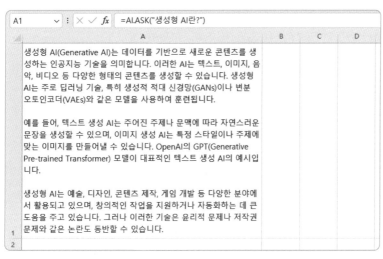

AI.ASK 함수로 질문한 답변이 표시된다.

특별히 어려울 건 없습니다. 챗GPT에 질문하거나 지시를 내리는 것과 마찬가지로 AI.ASK 함수를 지정하기만 하면 됩니다. 앞서 구글 스프레드시트에서 GPT 함수를 사용할 때와 같은 방식이죠?

그러면 함수를 지정한 셀에 챗GPT의 답변이 표시됩니다. 챗GPT에서 질문했을 때 답변이 표시되는 것과 같은 기능을 엑셀 내에서 실행할 수 있는 것입니다.

▼ 셀을 인수로 지정한다

마찬가지로 AI.ASK에 **셀을 인수로 지정**할 수도 있습니다.

```
=AI.ASK(A1)
```

A1 셀에 챗GPT에 묻고 싶은 질문, 예를 들어 '생성형 AI란?'이라고 입력한 후 B1 셀에 AI.ASK 함수를 입력해 봤습니다.

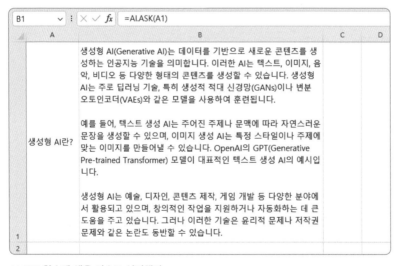

AI.ASK 함수에 셀을 인수로 설정했다.

여러 셀에 다양한 질문을 입력하고 AI.ASK 함수를 이용하여 챗GPT의 답변을 표시할 수 도 있습니다. AI.ASK 함수를 입력한 후, 이 셀을 복사하여 붙여넣으면, 잠시 후 각 질문 에 대한 챗GPT의 답변이 표시됩니다.

	A	B	C
1	한국	한국의 수도는 서울입니다. 서울은 대한	2023년 기준으로 한국의 인구는 약 5,100만 명 정도입
2	미국	미국의 수도는 워싱턴 D.C.입니다. 워싱	2023년 기준으로 미국의 인구는 약 3억 3천만 명 정도
3	캐나다	캐나다의 수도는 오타와(Ottawa)입니다	2023년 기준으로 캐나다의 인구는 약 3,800만 명 정도
4	프랑스	프랑스의 수도는 파리(Paris)입니다.	2023년 기준으로 프랑스의 인구는 약 6,800만 명 정도
5	호주	호주의 수도는 캔버라(Canberra)입니다	2023년 기준으로 호주의 인구는 약 2,600만 명 정도입
6	중국	중국의 수도는 베이징(北京)입니다. 베	2023년 기준으로 중국의 인구는 약 14억 명 정도로 ㅋ
7	영국	영국의 수도는 런던(London)입니다. 런	2023년 기준으로 영국의 인구는 약 6700만 명 정도로
8	독일	독일의 수도는 베를린(Berlin)입니다. 버	2023년 기준으로 독일의 인구는 약 8,400만 명 정도입
9	러시아	러시아의 수도는 모스크바(Moscow)입	2023년 기준으로 러시아의 인구는 약 1억 4천만 명 정
10			
11			

(수식 입력줄) B1 =AI.ASK(A1&"수도는 어디야?")

AI.ASK 함수를 사용한 예.

이 예시에서는 A 열에 국가명을 입력하고, B 열에 수도, C 열에 인구를 각각 표시하 기 위해 다음과 같이 AI.ASK 함수를 입력했습니다.

```
=AI.ASK(A1&"수도는 어디야?")
=AI.ASK(A1&"인구는 몇 명이야?")
```

B1 셀과 C1 셀에 각 질문을 AI.ASK 함수를 사용하여 입력하고, 이 셀의 수식을 복 사하기만 하면 됩니다. 순식간에 각 국가의 수도와 인구가 표시되었습니다.

이처럼 AI.ASK 함수를 이용하면 챗GPT에 대한 다양한 질문과 그에 대한 답변을 표 시할 수 있습니다. 가장 심플한 함수이므로 간단하게 콘텐츠를 만들고 싶을 때 활용하 면 좋습니다.

포인트

AI.ASK 함수를 사용하면 엑셀의 셀에 챗GPT에 묻고 싶은 질문을 입력할 수 있다. 입력하면 챗GPT에서 생성한 텍스트를 표시해 준다.

4-03 ChatGPT for Excel을 사용해 테이블 만들기 — AI.TABLE 함수

답변을 표 형식으로 작성 요청하기

ChatGPT for Excel 추가 기능을 설치하면 사용할 수 있는 두 번째 함수는 테이블을 생성하기 위한 **AI.TABLE 함수**입니다.

AI.TABLE 함수는 표 형식으로 여러 요소를 챗GPT에 질문하고 이를 표 형식으로 출력해 주는 기능입니다.

예를 들어, 다음과 같이 AI.TABLE 함수를 입력해 봤습니다.

=AI.TABLE("미국에서 인구가 많은 주 상위 10개")

챗GPT에 '미국에서 인구가 많은 주 상위 10개'를 질문하면 다양한 형태로 답변이 돌아오는데, 이 답변에서 필요한 요소를 추출해 표 형식으로 표시해 줍니다.

A1		fx	=AI.TABLE("미국에서 인구가 많은 주 상위 10개")			
	A	B	C	D	E	F	G
1	순위	주 이름	인구 수			
2	1	캘리포니아	39,538,223			
3	2	텍사스	29,145,505			
4	3	플로리다	21,538,187			
5	4	뉴욕	20,201,249			
6	5	펜실베이니아	13,002,700			
7	6	일리노이	12,812,508			
8	7	오하이오	11,799,448			
9	8	조지아	10,711,908			
10	9	노스캐롤라이나	10,439,388			
11	10	미시간	10,077,331			
12						

AI.TABLE 함수의 사용 예.

▼ 추가 정보를 셀에 더할 수도 있다

이것만으로도 편리하지만, 사실 **질문 이외의 요소를 추가**할 수도 있습니다. 예를 들어 이 예시에서는 상위 10개 주의 주도, 면적 및 해당 주의 대학 수 등을 추가해 보겠습니다.

앞서 설명한 함수 지정에서는 순위와 주 이름, 인구수가 표로 표시되었습니다. 표는 A1 셀에 순위, B1 셀에 주 이름, C1 셀에 인구수가 표로 표시되어 있었으므로 추가로 주도, 면적, 대학 수를 각각 D1 셀, E1 셀, F1 셀에 입력해 놓습니다.

이 상태에서 A2 셀에 다음과 같이 AI.TABLE 함수를 입력합니다.

=AI.TABLE("미국에서 인구가 많은 주 상위 10개", A1:F1)

A2	∨ : × ✓ fx	=AI.TABLE("미국에서 인구가 많은 주 상위 10개", A1:F1)				
	A	B	C	D	E	F	G
1	순위	주 이름	인구 수	주도	면적	대학 수	
2	1	캘리포니아	39,538,223	새크라멘토	423,967	400	
3	2	텍사스	29,145,505	오스틴	695,662	200	
4	3	플로리다	21,538,187	탤러해시	170,312	200	
5	4	뉴욕	20,201,249	올버니	141,297	300	
6	5	펜실베이니아	13,002,700	해리스버그	119,283	200	
7	6	일리노이	12,812,508	스프링필드	149,995	200	
8	7	오하이오	11,799,448	콜럼버스	116,096	150	
9	8	조지아	10,711,908	애틀랜타	153,910	100	
10	9	노스캐롤라이나	10,439,388	롤리	139,391	150	
11	10	미시간	10,077,331	랜싱	250,493	100	
12							

추가 정보를 셀에 설정하고 AI.TABLE 함수를 지정했다.

어떤가요? 인구가 많은 상위 10개 주를 질문한 것만으로, 인구수와 주도, 면적, 대학 수까지 파악해 표로 정리해 주었습니다. 주지사 이름과 주의 꽃 등을 추가하면 인구가 많은 상위 10개 주에 대한 다양한 정보를 수집한 멋진 표를 바로 만들 수 있습니다.

물론 항목을 추가해도 답변하지 않는 항목이나 잘못된 답변이 나올 때도 있는데, 챗 GPT는 아무렇지도 않게 거짓말로 대답하는 경우가 있으니 이 점은 주의해야 합니다.

그럼에도 이런 표가 바로 만들어지는 것을 보면 챗GPT와 엑셀, 그리고 AI.TABLE 함수를 조합하여 활용하면 얼마나 편리한지 알 수 있을 것입니다.

포인트

AI.TABLE 함수는 표 형식으로 여러 요소를 챗GPT에 질문하고 이를 표 형식으로 출력해 준다.

4-04 ChatGPT for Excel로 번역 — AI.TRANSLATE 함수

해외와 교류가 많은 사람에게 효과적

챗GPT는 한국어를 영어로 혹은 영어를 한국어로 번역하는 데 능숙했습니다. 물론 다른 언어도 마찬가지입니다.

이 번역 기능을 활용한 것이 **AI.TRANSLATE 함수**입니다. 이 AI.TRANSLATE 함수는 해외 거래가 많은 기업이나 부서 혹은 어학 학습을 하는 분들에게도 도움이 되는 기능입니다.

AI.TRANSLATE 함수는 다음과 같이 번역 대상 언어를 명시적으로 지정하여 사용합니다.

=AI.TRANSLATE("원 텍스트", "번역 대상 언어")

영어 공부를 할 때는 다음과 같이 지정하는 것이 좋습니다.

=AI.TRANSLATE("생성", "영어")

A1		× ✓ *fx*	=AI.TRANSLATE("생성", "영어")				
	A	B	C	D	E	F	G
1	creation						
2							
3							

▼ 나만의 단어장을 만들 수도 있다

물론 셀을 인수로 지정할 수도 있습니다. 셀에 의미를 알고 싶은 영어 단어 등을 입력해 두고, AI.TRANSLATE 함수에서 인수로 셀을 지정하면 나만의 단어장을 단숨에 만들 수 있습니다.

또한 긴 문장을 번역하고 싶을 때는 역시 셀에 문장을 입력해 두고, AI.TRANSLATE 함수로 셀을 지정하는 것이 훨씬 간편하게 사용할 수 있을 것입니다.

인자로 셀을 지정할 때는 다음과 같이 입력합니다. 영어 단어나 영어 문장을 A1 셀에 입력한 경우 이를 한국어로 번역하려면 다음과 같이 지정합니다.

=AI.TRANSLATE(A1, "한국어")

많은 영어 단어나 한국어 단어 등을 입력해 두고 이를 번역하고 싶을 때, 셀에 AI.TRANSLATE 함수를 입력하고 이 셀을 드래그하여 복사&붙여넣기하면 즉시 번역된 내용이 표시되어 단어장과 같은 표를 만들 수 있습니다.

AI.TRANSLATE 함수로 간이 단어장을 단숨에 작성했다.

또는 업무와 관련된 다양한 사이트를 읽고, 필요한 부분을 복사하여 엑셀 셀에 붙여넣은 후 AI.TRANSLATE 함수를 사용하여 한국어로 번역하는 등의 사용법도 있습니다. 매일 아침 출근 전에 영문 기사 등을 살펴봐야 하는 사용자라면 지금까지의 루틴을 대폭 단축할 수 있을 것입니다.

4-05 ChatGPT for Excel로 데이터 형식 변환 — AI.FORMAT 함수

문장 고쳐쓰기를 단번에 끝낸다

챗GPT는 번역과 함께 문장을 고쳐 쓰는 데도 능숙했습니다. 예를 들어, 어른을 위한 설명서를 아이들도 이해할 수 있는 문장으로 바꾸거나 문장을 입력한 후에 존댓말로 바꾸는 등의 작업도 가능합니다.

이 '변환' 작업을 함수로 구현한 것이 **AI.FORMAT 함수**입니다. 예를 들어, 다음과 같이 AI.FORMAT 함수를 이용하여 지정해 보세요.

=AI.FORMAT("내일 만나자", "존댓말")

A1	⌄	⋮	× ✓ fx	=AI.FORMAT("내일 만나자", "존댓말")		
◢	A	B	C	D	E	F
1	내일 만나요.					
2						
3						

AI.FORMAT 함수의 사용 예.

AI.FORMAT 함수로 '내일 만나자'라는 문장이 '내일 만나요'로 변환되어 표시되었습니다.

▼ 다양한 형식을 지정 가능

이것만으로는 그다지 편리한 기능은 아니지만, 이 변환 시의 포맷으로 **다양한 형식을 지정할 수 있습니다.**

기본적으로 AI.FORMAT 함수는 다음과 같은 형식으로 지정합니다.

=AI.FORMAT("value", "format")

'value'에는 형식을 지정하고 싶은 원본 텍스트나 숫자 등을 입력하고, 'format'에는 변환할 형식을 지정합니다. 형식에는 존댓말, 한자, 날짜, 영어 등 다양한 형식을 지정할 수 있습니다. 즉, 챗GPT에 '○○로 변환해 줘'라고 명령하는 것과 같은 방식으로 지정할 수 있다는 말이죠.

다만 지정한 형식으로 변환되지 않거나, 변환을 시도하다가 '#BUSY!' 상태로 멈춰 버리는 일도 있습니다.

A5	⌄	:	X ✓ fx	=AI.FORMAT("12345", "한자")			
	A	B	C	D	E	F
1	내일 만나요.					
2						
3	excel→EXCEL					
4	엑셀					
5	ⓐ #BUSY! ⚠					
6						
7						

다양한 형식으로 변환해 봤다. 때로는 #BUSY! 상태로 멈추는 경우도 있다.

또한 value에는 **셀을 지정**할 수도 있으므로, 인자로 셀을 지정하여 조금 긴 텍스트를 변환시키는 것도 가능합니다.

> **주의!**
>
> 실제로 어떤 형식을 지정하면 제대로 변환되어 표시되는지는 직접 지정해 봐야 알 수 있다. 이는 이 함수의 불편한 점이기도 하며, AI.FORMAT 함수가 챗GPT를 이용하기에 발생하는 단점이기도 하다.

4-06 ChatGPT for Excel로 특정 데이터 추출 — AI.EXTRACT 함수

긴 문장에서 원하는 단어와 문장을 추출한다

챗GPT는 문장 요약도 잘했지만, 긴 문장 속에서 필요한 단어와 문장을 추출하는 것은 궁극의 요약이라고 할 수 있겠죠. 이 특징을 살린 것이 **AI.EXTRACT 함수**라고 할 수 있습니다.

이 함수는 지정한 문장에서 특정 데이터를 추출해 주는 함수입니다. 다음 형식으로 지정합니다.

> =AI.EXTRACT("value", "extract")

'value'에는 **데이터를 추출할 원본 텍스트**가 들어갑니다. 이것은 셀을 지정해도 상관없습니다.

'extract'에는 **추출하고자 하는 데이터 유형**을 지정합니다. 이것은 긴 텍스트에서 기업명만 뽑고 싶다면 '기업명', '회사 이름' 등으로 지정합니다. 지정한 텍스트를 분석하여 그중에서 인수로 지정한 유형의 단어를 추출해 주는 것입니다.

▼ 뉴스 기사에서 기업명과 매출액을 추출해 본다

실제로 사용해 보지 않고서는 이 AI.EXTRACT 기능의 편리함을 알 수 없습니다. 여기에서는 뉴스 기사 등을 복사하여 셀에 붙여넣고, 이 중에서 기업명과 매출액을 추출해 보는 방식을 살펴보겠습니다.

A1 셀에 뉴스 기사를 붙여넣고, A3 셀에 기사에서 추출하고 싶은 단어로 '기업명'을, 그리고 A4 셀에 A1 셀의 기사에서 추출하고 싶은 단어로 '매출액'을 입력해 보았습니다. 함수 지정은 다음과 같이 입력했습니다.

· 기업명을 추출하고 싶을 때 (B3 셀에 설정)

```
=AI.EXTRACT(A1, A3)
```

· 매출액을 추출하고 싶을 때(B4 셀에 설정)

```
=AI.EXTRACT(A1, A4)
```

B3	✓ : × ✓ f_x	=AI.EXTRACT(A1, A3)									
◢	A	B	C	D	E	F	G	H	I	J	K	L
1	아마존(AMZN)이 4분기 호실적을 기록하며 지난해 연간 사상최대 실적을 경신했다. 아마존의 4분기 순매출액은 1699억 달러로 전										
2											
3	기업명	아마존									
4	매출액	1699억 달러									
5											
6											

기사에서 지정한 문구와 관련된 텍스트를 추출해서 표시한다.

어떤가요? 붙여넣은 뉴스 기사를 분석하여 기업명과 매출액을 제대로 추출해 주었습니다.

물론 이는 챗GPT의 답변에 의한 것이기 때문에 기사 분석이 제대로 되지 않아 추출한 텍스트에 오류가 있을 수도 있습니다. 함수로 추출한 단어가 정확한지 여부는 사용자 스스로 판단해야 합니다.

하지만 긴 글을 분석하여 지정한 문구를 찾아 표시해 주는 것은 정말 편리한 기능입니다.

한편, AI.EXTRACT 함수로 추출한 단어가 여러 개일 경우 같은 셀에 여러 개의 단어가 표시되기도 합니다. 이렇게 되면 나중에 처리할 때 조금 번거로울 수 있습니다. 또한 기업명으로 추출한 단어 중에 상품명, 서비스명 등이 포함되기도 하며, 그런 경우 이 표를 바탕으로 다른 분석을 하기 어려울 수도 있습니다.

AI.EXTRACT 함수뿐만 아니라 챗GPT에 명령을 던져 그 답변을 표시하게 하는 함수는 챗GPT의 답변 자체에 개선의 여지가 있기 때문에 지정 방법이나 이후 처리에 고민하게 되는 경우가 적지 않습니다.

하지만 이러한 단점을 제외하더라도 작업의 효율화를 위해서는 유용하게 활용할 수 있는 기능임은 분명합니다.

원본 텍스트나 추출 결과에 따라서는 추출한 문구가 같은 셀에 여러 개 표시된다.

4-07 ChatGPT for Excel로 예측하여 범위 채우기 — AI.FILL 함수

사용 장면은 제한적이지만 제대로 활용하면 위력을 발휘한다

ChatGPT for Excel의 기존 함수와는 조금 다르게, 입력되는 데이터의 규칙성에 주목하여 지정한 범위에 동일한 규칙을 적용하여 생성된 데이터를 표시하는 것이 **AI. FILL 함수**입니다.

이 설명만으로는 잘 이해가 되지 않을 수도 있겠네요. 실제 사례를 들어 설명해 보겠습니다.

예를 들어, 다음과 같이 행정 구역 이름과 각 시도청 소재지를 입력한 표를 만들고 싶을 때를 생각해 봅시다. 이 표에는 아직 서울특별시부터 광주광역시까지의 시도청 소재지만 입력되어 있습니다.

	A	B
1	행정 구역 이름	시도청 소재지
2	서울특별시	중구
3	부산광역시	연제구
4	대구광역시	중구
5	인천광역시	남동구
6	광주광역시	서구
7	대전광역시	
8	울산광역시	
9	세종특별자치시	
10	경기도	
11	강원도	
12	충청북도	
13	충청남도	
14	전라북도	
15	전라남도	
16	경상북도	
17	경상남도	
18	제주특별자치도	
19		

행정 구역 이름과 각 시도청 소재지를 정리한 표를 작성하고자 한다. 아직 작성 도중.

이 표를 계속 작성하는 것은 어렵지는 않지만 번거롭습니다. 여기서 AI.FILL 함수를 사용해 보겠습니다.

AI.FILL 함수는 다음과 같은 형식으로 지정합니다.

```
=AI.FILL(example, partial)
```

인수의 example에는 샘플이 되는 셀 범위를 지정합니다. 여기서는 A 열에 행정 구역이 기재되어 있다면, 해당 시도청 소재지를 B 열에 입력하는 규칙입니다. 이 규칙에 따라 기재된 샘플, 즉 A2 셀부터 B6 셀까지를 지정합니다.

partial 인수는 example에서 지정한 규칙에 따라 예측할 셀 범위를 지정합니다. 여기서는 A7~A18까지의 행정 구역에도 적용하여 그것을 B7부터 표시하기 위해 partial에는 'A7:A18'이라고 지정합니다. 즉, B7 셀에는 다음처럼 AI.FILL 함수를 지정하여 입력하게 됩니다.

```
=AI.FILL(A2:B6, A7:A18)
```

이제 B7~B18까지, A 열에 기재된 행정 구역에 해당하는 시도청 소재지가 입력되었습니다.

AI.FILL 함수로 공백 셀에 데이터가 입력되었다.

이 AI.FILL 함수는 사용할 수 있는 장면이 한정되어 있습니다. 무언가 규칙성이 있는 표 중 챗GPT에 질문했을 때 답변이 나올 수 있는 규칙이라면 좋지만, 규칙성이 없는 장면이나 챗GPT에서 정답을 찾을 수 없는 규칙에서는 AI.FILL 함수를 사용할 수 없습니다.

이와 같이 AI.FILL 함수를 이용하기 위해서는 **규칙성이 있는 표를 만들거나 그 규칙을 제대로 생각해야 합니다**. 챗GPT와 이를 활용하는 함수를 사용할 때는 이러한 특성을 고려하여 사용해야 하며, 이것이 챗GPT를 능숙하게 사용할 수 있는지를 가르는 갈림길이라고 할 수 있습니다.

> **포인트**
>
> AI.FILL 함수를 이용하기 위해서는 규칙성 있는 표를 만들거나 그 규칙을 제대로 생각해야 한다.

4-08 ChatGPT for Excel로 목록 만들기 — AI.LIST 함수

표 형식으로 답변을 표시한다

챗GPT에 질문을 던지면 그 답변을 표시해 주는 함수로 AI.ASK 함수가 있었습니다. 이 함수에서는 챗GPT에 묻고 싶은 질문을 인수로 지정했습니다. 예를 들어, 세계 국가 중 인구가 많은 순서대로 상위 10개국을 알고 싶다면 다음과 같이 지정했습니다.

=AI.ASK("세계 국가 중 인구가 많은 순서대로 상위 10개국을 알려 줘.")

A1	∨	:	× √ fx	=AI.ASK("세계 국가 중 인구가 많은 순서대로 상위 10개국을 알려 줘.")							
	A	B	C	D	E	F	G	H	I	J	K	L
1	2023년 기준으로 인구가 많은 상위 10개국은 다음과 같습니다:1. **중국** - 약 14억2. **인도** - 약 14억3. **미국** - 약 3억 3천만4. **											
2												
3												
4												

AI.ASK 함수로 챗GPT에 질문하고, 그 답변을 표시한다.

이 예시의 경우 AI.ASK 함수에서 지정한 챗GPT의 답변은 AI.ASK 함수에서 입력한 셀에 텍스트로 표시되어 있습니다.

하지만 이 질문처럼 상위 10위 같은 경우 표 형식이 표시되는 것이 더 편리하지 않을까요? 이를 가능하게 해주는 것이 **AI.LIST 함수**입니다. AI.LIST 함수에서도 AI.ASK 함수와 마찬가지로 인수로 챗GPT에 답변을 구하는 질문을 입력하면, 그 답변이 목록 형식으로 돌아와서 엑셀에서는 표 형식으로 표시됩니다.

예시로 표시한 AI.ASK 함수와 동일한 질문을 AI.LIST 함수를 사용하여 실행해 봅시다.

=AI.LIST("세계 국가 중 인구가 많은 순서대로 상위 10개국을 알려 줘.")

	A	B	C	D	E	F	G	H	I	J	K	L	M
A3				f_x	=AI.LIST("세계 국가 중 인구가 많은 순서대로 상위 10개국을 알려 줘.")								
1	2023년 기준으로 인구가 많은 상위 10개국은 다음과 같습니다:1. **중국** - 약 14억2. **인도** - 약 14억3. **미국** - 약 3억 3천만4. **인도네												
2													
3	중국												
4	인도												
5	미국												
6	인도네시아												
7	파키스탄												
8	브라질												
9	나이지리아												
10	방글라데시												
11	러시아												
12	멕시코												
13													

AI.ASK 함수와 같은 질문을 AI.LIST 함수로 실행해 보았다.

AI.LIST 함수를 이용하면 **목록 형식으로 답변을 받을 수 있는 질문은 표로 쉽게 작성할 수 있습니다.**

메모

AI.LIST 함수뿐만 아니라, 이러한 함수들은 엑셀 안에서 챗GPT를 이용하기 때문인지 경우에 따라서는 오류가 발생하여 제대로 답변을 얻지 못할 때도 있다. 오류가 뜨고 제대로 답변을 얻지 못할 때는 잠시 시간을 두고 실행하거나 직접 챗GPT에 질문하여 목록 형식으로 답변을 받아 이를 엑셀에 복사해서 붙여넣는 것이 함수를 사용해서 오류가 발생하는 것보다 편리하다. 이처럼 챗GPT와 엑셀을 따로 사용해도 큰 번거로움은 없다. 이는 AI.ASK, AI.LIST, AI.TRANSLATE와 같은 함수에 해당되며, 다른 AI.FORMAT, AI.FILL, AI.EXTRACT와 같은 함수는 엑셀 내에서 사용해야만 그 위력을 발휘한다.

포인트

함수를 사용하거나 챗GPT의 화면을 오가며 자신의 업무 스타일에 맞게 구분하여 사용한다.

4-09 공식 애드인 Excel Labs로 챗GPT 함수 사용하기

함수를 지정한 셀에 챗GPT의 답변을 표시한다

엑셀에서 사용할 수 있는 애드인 중에는 **Excel Labs**라는 애드인도 있습니다. 이 역시 공식 애드인이며, Office 추가 기능에서 설치하여 사용할 수 있습니다.

엑셀 화면에서 '개발 도구' 도구 모음을 표시하고 '추가 기능'을 클릭합니다. 그러면 'Office 추가 기능' 대화 상자가 열리는데, 검색창에 'Excel Labs'를 입력하여 'Excel Labs, a Microsoft Garage project'를 검색합니다. 찾았다면 추가 기능의 오른쪽 끝에 있는 '추가' 버튼을 클릭하여 엑셀에 추가합니다. 화면의 지시에 따라 진행하면 Excel Labs 애드인이 설치되고 화면 오른쪽 끝에 Excel Labs 창이 표시됩니다.

01 '개발 도구' 메뉴 바의 '추가 기능'을 클릭한다.

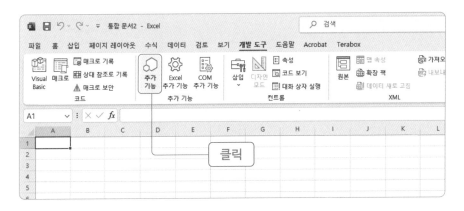

02 'Excel Labs'를 입력하고(①), '추가' 버튼을 클릭한다(②).

03 Excel Labs 추가 기능이 추가되며, 오른쪽 끝에 창이 표시된다.

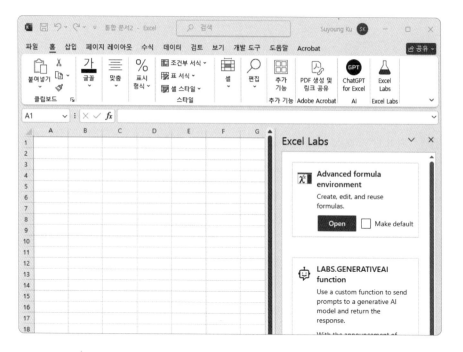

메모

Excel Labs 추가 기능을 사용하려면 OpenAI의 API 키 등록이 필요하며, OpenAI 의 API 키는 제3장 '애드인에 OpenAI API 키 등록하기'(130페이지)를 참고하여 미리 획득해 둔다.

API 키는 엑셀 화면의 오른쪽 끝에 표시되는 Excel Labs 창에서 'LABS. GENERATIVEAI function' 란에서 입력합니다. 이 항목의 'Open' 버튼을 클릭하면 주의 사항 등이 표시된 화면으로 바뀝니다. 이 화면의 하단에 'OpenAI API key'라고 적힌 상자가 있습니다. 이 상자에 OpenAI에서 획득한 API 키를 입력합니다.

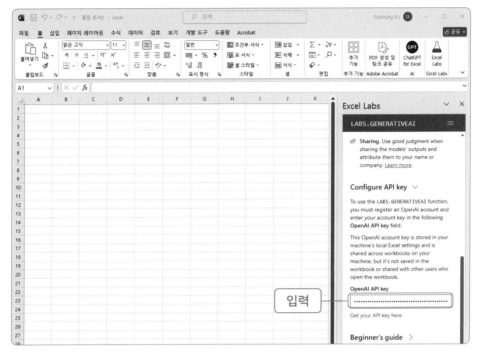

OpenAI의 API 키를 설정한다.

이를 통해 엑셀 내에서 Excel Labs가 제공하는 **LABS.GENERATIVEAI 함수**를 사용할 수 있게 됩니다.

▼ AI.ASK 함수와 비슷한 함수

LABS.GENERATIVEAI 함수는 기본적으로는 챗GPT에 질문하고, 그 답변을 함수를 지정한 셀에 표시하는 기능입니다. ChatGPT for Excel로 치면 AI.ASK 함수와 비슷한 기능이라고 생각하시면 됩니다.

이 LABS.GENERATIVEAI 함수는 다음과 같은 형식으로 지정합니다.

```
=LABS.GENERATIVEAI(prompt, [options])
```

인수에는 각각 다음과 같은 데이터를 설정합니다.

· prompt: 챗GPT에 보내는 프롬프트. 챗GPT에 묻고 싶은 질문이나 생성하고 싶은 명령을 지정한다.

· options: 옵션 파라미터로, 다음 중 하나의 값을 지정한다.

▶ max_length: 생성할 텍스트의 최대 길이(글자 수). 생략하면 기본값인 1,000 문자가 사용된다.

▶ temperature: 생성할 텍스트의 창의성을 조절하는 파라미터. 값이 클수록 더 창의적인 텍스트가 생성된다. 생략하면 기본값인 0.7이 사용된다.

▶ top_p: 생성할 텍스트의 확률을 조정하는 파라미터. 값이 클수록 더 높은 확률의 텍스트가 생성된다. 생략하면 기본값인 0.9가 사용된다.

메모

options 인수는 생략해도 무방하다. 챗GPT에 익숙하지 않은 경우 이 options 값을 변경하면 챗GPT의 답변이 황당무계해질 수 있어 실용적이지 않다. 생략하면 기본값이 사용되므로 특별한 경우가 아니라면 생략하는 것이 좋다.

▼ 챗GPT의 파라미터

챗GPT에는 몇 가지 **파라미터**가 있으며, 사용자가 명시적으로 지정하여 챗GPT의 답변을 제어할 수 있습니다. 사용자가 지정할 수 있는 파라미터는 다음과 같습니다.

파라미터	기능	상세
temperature	랜덤성 제어	· 출현하는 문구의 확률을 변경한다. · 0~2 사이에서 설정하며, 기본값은 0.7로 설정되어 있다.
Top_p	정확성 설정	· 생성되는 텍스트의 확률을 조정한다. · 설정 범위는 0~1로, 기본값은 0.9로 설정되어 있다. · 값이 낮을수록 엄밀하며, 높을수록 랜덤성이 강한 텍스트를 생성한다.
n	답변 수 변경	· n으로 지정한 수가 답변된다. · 기본값은 n=1로 설정되어 있지만, n=3, n=5 등으로 지정하면 지정한 n의 수만큼 답변을 출력해 준다.
presence_penalty	단어 중복 피하기	· 같은 단어나 문장이 출현하는 빈도를 설정한다. · 설정 범위는 -2.0~2.0로, 기본값은 0으로 설정되어 있다. · 파라미터의 값을 낮게 설정하면, 같은 단어나 문장이 나오는 빈도가 보다 줄어들며, 값을 높게 설정하면 반복해서 나오는 빈도가 높아진다.
frequency_penalty	단어 출현도 조정	· 파라미터의 값을 낮게 설정하면, 생성된 텍스트 내에서 같은 단어나 문장의 반복이 줄어든다. · 설정 범위는 -2.0~2.0로, 기본값은 0으로 설정되어 있다.

파라미터를 변경하고 싶을 때는 챗GPT에 보내는 프롬프트에서 다음과 같이 지정하면 됩니다.

temperature=0.3으로 설정해 줘.

이렇게 지정하면 temperature 파라미터를 0.3으로 설정하여 표준 답변보다 더 엄격한 답변을 해 줍니다.

그럼 실제로 LABS.GENERATIVEAI 함수를 사용해 봅시다. 챗GPT에는 텍스트 생성, 요약, 번역 등의 기능이 있는데, 일반적으로 챗GPT를 사용할 때와 마찬가지로, 무언가 지시를 내려서 텍스트가 생성되도록 해 보겠습니다.

예를 들어, 간단한 질문을 던져 봅시다.

=LABS.GENERATIVEAI("5월 5일은 무슨 날이야?")

A1	⋮ × ✓ fx	=LABS.GENERATIVEAI("5월 5일은 무슨 날이야?")							
	A	B	C	D	E	F	G	H	I	J
1	5월 5일은	어린이날입니다.								
2										

LABS.GENERATIVEAI 함수를 이용해서 간단한 질문을 해 보았다.

딱히 챗GPT에 물어볼 만한 질문은 아니지만, LABS.GENERATIVEAI 함수를 이용하여 엑셀 내에서 챗GPT에 텍스트를 생성하게 하고, 그 답변이 엑셀 내에 표시되는 것을 알 수 있을 것입니다.

이제 조금 더 어려운 질문을 던져 봅시다. 여기서는 A1 셀에 챗GPT에 던질 질문을 입력하고, LABS.GENERATIVEAI 함수로 이 셀을 지정해 봅시다.

=LABS.GENERATIVEAI(A1)

A1 셀에 입력한 질문을 LABS.GENERATIVEAI 함수로 지정한다.

챗GPT에서 질문했을 때와 마찬가지로 엑셀 내에서 챗GPT에 물은 질문에 대한 답변이 엑셀 내에 표시되는 등, LABS.GENERATIVEAI 함수는 말하자면 **엑셀과 챗GPT를 매끄럽게 넘나들며 사용할 수 있는 기능**입니다.

4-11 수식을 만들어 즉시 반영하기

엑셀 내에서 사용해야 할 수식이나 매크로를 답변하게 한다

챗GPT에서는 엑셀의 수식이나 매크로도 만들 수 있었습니다. 이 수식이나 매크로를 만들 때는 챗GPT 화면에서 어떤 수식이나 매크로를 만들고 싶은지 질문하고, 그 답변 중 수식이나 매크로 부분을 복사해 엑셀에 다시 붙여넣는 식이었습니다.

이러한 절차가 **엑셀 내에서 끝난다**면 더 편리하지 않을까요? 그것을 바로 LABS.GENERATIVEAI 함수로 구현할 수 있습니다.

예를 들어 제3장 '시간 단축에 최적화된 IF 함수 사용법 알아보기'(101페이지)에서는 시험 점수를 입력한 표를 작성하고, 점수에 따라 판정을 자동으로 입력하는 수식을 챗GPT에 설명하면서 작성하도록 했습니다. 똑같은 것을 LABS.GENERATIVEAI 함수를 이용하여 시도해 봅시다.

먼저 점수를 입력한 표를 만들어 둡니다. 이 표에서 예를 들어 D12 셀에 챗GPT에 대한 질문을 입력합니다. 질문은 다음과 같은 텍스트입니다.

> "A 열에 이름, B 열에 점수, C 열에 평가를 입력한 표를 만들려고 해. C 열의 평가
> 란은 B 열의 점수에 따라 'A, B, C'의 3단계로 표시할 거야. 이 경우 C 열의 셀에
> 는 어떤 함수를 설정하면 좋을까? 평가는 B 열의 수치로 판단하여 80 이상은 A,
> 60에서 79는 B, 59 이하는 C야"

그런 다음, 이 질문을 챗GPT에 던지기 위해 D13 셀에 LABS.GENERATIVEAI 함수를 사용하여 다음과 같이 지정합니다.

```
=LABS.GENERATIVEAI(D12)
```

이러면 D13 셀, 즉 LABS.GENERATIVEAI 함수를 입력한 셀에 챗GPT의 답변이 표시됩니다.

| D13 | : × ✓ fx | =LABS.GENERATIVEAI(D12) |

	A	B	C	D	E	F	G	H	I
1	이름	점수	평가						
2	김민준	88							
3	이서윤	62							
4	박지훈	69							
5	최예린	53							
6	정하늘	79							
7	강서준	83							
8	윤하영	82							
9	조현우	75							
10	장민서	55							
11	서지아	60							
12				A열에 이름, B열에 점수, C열에 평가를 입력한 표를 만들려고 해. C열의 평가란은 B열의 점수에 [					
13				C열의 셀에는 다음과 같은 IF 함수를 설정 하면 됩니다: =IF(B2>=80, "A", IF(B2>=60, "B", "C")) 해설: IF 함수는 조건을 판단하여 참이면 첫 번째 값을 반환하고, 거짓이면 다음 조건을 판단합니다. 위의 함수는 B열의 값이 80 이상이면 "A"를, 60 이상이면 "B"를, 그 외에는 "C"를 반환합니다.					
14									

D13 셀에 D12 셀에 입력한 질문에 대한 챗GPT의 답변이 표시된다.

챗GPT의 답변이 셀에 표시되어 있으므로 이 답변 중에서 목적을 실현하는 함수 부분을 참조한 후 그대로 이 예제에서는 C2 셀에 수식을 입력합니다.

엑셀과 챗GPT를 따로 사용할 때는 챗GPT의 답변에서 함수 부분을 복사하여 엑셀로 돌아와 해당 셀에 붙여넣는 작업이었습니다. 그랬던 것이 LABS.GENERATIVEAI 함수를 이용하면 엑셀 내에서만 작업을 완료할 수 있습니다.

실제로 챗GPT의 함수 부분을 참조하여 셀 번호 등을 적절히 수정하고 C2 셀에 입력하여 실행한 화면이 다음 화면입니다.

| C2 | | ⌄ | : | × | ✓ | fx | =IF(B2>=80, "A", IF(B2>=60, "B", "C")) | | | | | | |

	A	B	C	D	E	F	G	H	I
1	이름	점수	평가						
2	김민준	88	A						
3	이서윤	62							
4	박지훈	69							
5	최예린	53							
6	정하늘	79							
7	강서준	83							
8	윤하영	82							
9	조현우	75							
10	장민서	55							
11	서지아	60							
12				A열에 이름, B열에 점수, C열에 평가를 입력한 표를 만들려고 해. C열의 평가란은 B열의 점수에 따					
				C열의 셀에는 다음과 같은 IF 함수를 설정 하면 됩니다: =IF(B2>=80, "A", IF(B2>=60, "B", "C")) 해설: IF 함수는 조건을 판단하여 참이면 첫 번째 값을 반환하고, 거짓이면 다음 조 건을 판단합니다. 위의 함수는 B열의 값이 80 이상이면 "A"를, 60 이상이면 "B"를, 그 외에는 "C"를 반환합니다.					
13									
14									

셀에 표시된 챗GPT의 답변에서 함수 부분만을 C2 셀에 입력한다.

이제 C2 셀에 평가로서 'A'라는 문자가 표시되었습니다.

챗GPT의 답변이 셀에 표시되어 있다고 해서 이를 참조하면서 수식을 입력하기는 귀찮다고 생각하는 분도 있으시겠죠. 챗GPT의 답변 부분은 LABS.GENERATIVEAI 함수에서 지정한 것이기 때문에 그 내용의 일부를 그대로 복사할 수는 없습니다.

이럴 때는 챗GPT의 답변이 표시된 셀을 복사한 후 다른 셀로 이동하여 마우스 오른쪽 클릭 메뉴에서 '선택하여 붙여넣기' - '값'을 지정합니다. 그러면 챗GPT의 답변 부분이 텍스트로 셀에 붙여넣기 되므로 다시 수식 부분을 선택하고, 필요한 셀(여기서는 C2 셀)에 복사하여 붙여넣으면 됩니다.

E13			f_x	=IF(B2>=80, "A", IF(B2>=60, "B", "C"))				
	A	B	C	D	E	F	G	H
1	이름	점수	평가					
2	김민준	88	A					
3	이서윤	62						
4	박지훈	69						
5	최예린	53						
6	정하늘	79						
7	강서준	83						
8	윤하영	82						
9	조현우	75						
10	장민서	55						
11	서지아	60						
12				A열에 이름, B열에 점수, C열에 평가를 입력한 표를 만들려고 해. C열의 평가란은 B열의 점수에 따라 'A, B, C'의 3단				
13				C열의 셀에는 다음과 같은 IF 함수를 설정하면 됩니다: =IF(B2>=80, "A", IF(B2>=60, "B", "C")) 해설: IF 함수는 조건을 판단하여 참이면 첫 번째 값을 반환하고, 거짓이면 다음 조건을 판단합니다. 위의 함수는 B열의 값이 80 이상이면 "A"를, 60 이상이면 "B"를, 그 외에는 "C"를 반환합니다.	C열의 셀에는 다음과 같은 IF 함수를 설정하면 됩니다: =IF(B2>=80, "A", IF(B2>=60, "B", "C")) 해설: IF 함수는 조건을 판단하여 참이면 첫 번째 값을 반환하고, 거짓이면 다음 조건을 판단합니다. 위의 함수는 B열의 값이 80 이상이면 "A"를, 60 이상이면 "B"를, 그 외에는 "C"를 반환합니다.			
14								

챗GPT의 답변이 표시된 셀을 복사하여 다른 셀에 '붙여넣기' - '값'을 지정해서 붙여넣으면, 셀 안의 텍스트를 복사할 수 있다.

이제 C2 셀에 평가 문자인 'A'가 표시되었습니다.

참고로 챗GPT의 답변에 있는 수식에는 셀 번호가 잘못 기재된 부분도 있을 수 있습니다. 실제로 수식을 입력할 때는 작성하는 표에 맞게 셀 번호 등을 수정하여 입력해야 합니다.

그럼에도 엑셀 내에서 챗GPT에 질문하고, 그 답변도 엑셀 내에서 표시되니 편리합니다. 작업의 효율성을 생각하면, 비록 약간의 번거로움은 있더라도 엑셀과 챗GPT 창을 열고 마우스를 움직여가며 작업하는 것보다 엑셀 화면에서만 작업하는 것이 훨씬 더 효율적입니다.

이런 효율적인 작업을 위해서도 엑셀의 추가 기능을 최대한 활용하는 것을 추천합니다.

MEMO

CHAPTER 05

챗GPT가 생성한
VBA 매크로 사용하기

5-01 챗GPT로 구현하는 VBA 매크로 자동화

챗GPT의 강점 중 하나인 프로그래밍

지금까지 설명한 내용을 통해 엑셀을 사용할 때 챗GPT를 유용하게 활용할 수 있다는 사실을 알 수 있었으리라 믿습니다. 이번 장에서는 엑셀을 더욱 편리하게 사용할 수 있는 챗GPT 활용법을 소개하고자 합니다.

업무에 엑셀을 활용하다 보면 **엑셀 매크로**도 써 보고 싶어지는 법입니다. 매크로를 쓰면 일상 업무도 좀 더 수월해질 텐데 하고 생각하는 분도 많을 것입니다.

하지만 엑셀의 매크로는 **VBA**라는 프로그래밍 언어로 작성하기 때문에 프로그래밍을 해 본 적이 없는 사람으로서는 매우 어려운 작업이라는 생각이 들 수 있습니다.

여기가 바로 챗GPT가 등장할 때입니다. 챗GPT는 텍스트 생성형 AI로, 문장을 만들어 주는 것이라고만 생각하고 계시진 않나요? 텍스트 생성 외에 챗GPT가 잘하는 것 중 하나가 **프로그래밍**입니다.

예를 들어, 챗GPT에서 어떤 프로그램을 어떤 프로그래밍 언어로 작성할 것인지 지정하면 바로 프로그램을 작성하고 코드를 표시해 줍니다.

마찬가지로 챗GPT에 엑셀 매크로로 구현하고 싶은 것을 VBA 언어로 혹은 매크로로 작성해 달라고 지정하면, 이것도 즉시 작성하여 코드를 표시하고 해설까지 해 줍니다.

포인트

챗GPT에 엑셀 매크로로 구현하고 싶은 것을 VBA 언어나 매크로로 만들어 달라고 지정하면 곧바로 답을 제시한다.

엑셀의 표를 바탕으로 차트를 만드는 매크로를 작성해 줘.

엑셀에서 표를 바탕으로 차트를 자동으로 생성하는 매크로를 만들어 보겠습니다. 아래 VBA 코드를 사용하면 지정된 표를 바탕으로 차트를 생성할 수 있습니다.

VBA 코드

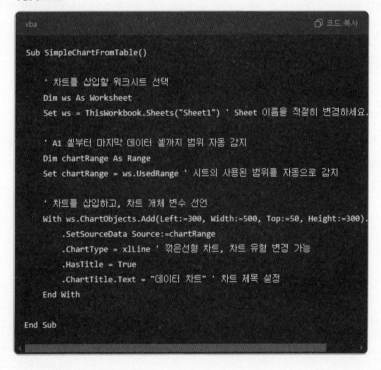

```vba
Sub SimpleChartFromTable()

    ' 차트를 삽입할 워크시트 선택
    Dim ws As Worksheet
    Set ws = ThisWorkbook.Sheets("Sheet1") ' Sheet 이름을 적절히 변경하세요.

    ' A1 셀부터 마지막 데이터 셀까지 범위 자동 감지
    Dim chartRange As Range
    Set chartRange = ws.UsedRange ' 시트의 사용된 범위를 자동으로 감지

    ' 차트를 삽입하고, 차트 개체 변수 선언
    With ws.ChartObjects.Add(Left:=300, Width:=500, Top:=50, Height:=300).
        .SetSourceData Source:=chartRange
        .ChartType = xlLine ' 꺾은선형 차트, 차트 유형 변경 가능
        .HasTitle = True
        .ChartTitle.Text = "데이터 차트" ' 차트 제목 설정
    End With

End Sub
```

(이하 생략)

▼ 차트 종류 지정하기

여기서는 챗GPT에 극히 일반적인 지침만 설명했습니다. 엑셀의 표는 어느 정도의 크기인지, 또는 어느 셀을 기준으로 하는 표인지에 대한 지정이 없습니다. 생성하는

차트가 어떤 모양의 차트인지에 대해서도 따로 지정하지 않았습니다.

앞서 언급한 챗GPT의 답변에서는 현재 시트를 선택하고 데이터 범위는 자동으로 감지하며 차트 유형으로는 꺾은선형 차트를 설정하고 있는데, 이어지는 설명에서는 필요에 따라 변경하라는 주석이 달려 있습니다.

일단 이 코드의 오른쪽 상단에 있는 '코드 복사' 버튼을 클릭하여 클립보드에 복사합니다.

그런 다음, 엑셀 화면에서 이 매크로를 실행할 시트를 열고 메뉴에서 [개발 도구] - [코드] - [Visual Basic]을 선택합니다. 또는 Alt + F11 키를 누릅니다. 그러면 다음과 같은 VBA 편집기 창이 실행됩니다.

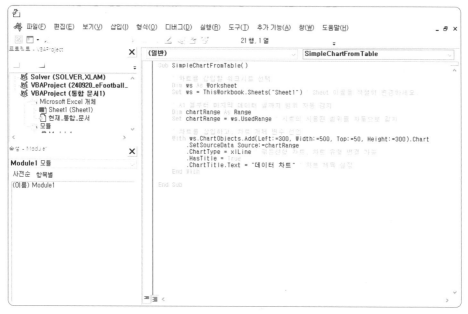

VBA 편집기 화면.

이 화면에서 메뉴에서 '삽입' - '모듈'을 지정하고 새 모듈 화면에 챗GPT에 표시된 매크로를 붙여넣습니다.

그러나 이것만으로는 매크로가 제대로 동작하지 않을 수 있습니다. 그럴 때는 챗 GPT가 생성한 코드에 주석이 달린 부분을 살펴보세요. 시트 지정, 표 범위, 생성할 차트 지정 등에 관한 주석이 달려 있습니다.

예시에서는 시트 1(Sheet1)의 표를 이용하고 A1 셀부터 데이터가 들어 있는 표 전체를 자동으로 감지하여 차트로 만들어 주는 매크로라는 주석이 달려 있기에 생각했던 것과 일치합니다. 다만 생성하는 차트가 꺾은선형 차트가 지정되어 있네요. 하지만 이번에 원래 지정하고 싶었던 것은 가로 막대형 차트입니다.

한편, 주요 차트 종류는 다음과 같은 유형으로 지정합니다.

차트 유형	매크로 명령어
꺾은선형 차트	xlLine
꺾은선형 차트(표식 포함)	xlLineMarkers
3D 열 차트	xl3DColumn
막대 차트	xlBarClustered
클러스터된 열 차트	xlColumnClustered
원형 차트	xlPie
XY(산포형) 차트	xlXYScatter
직선형 XY(산포형) 차트	xlXYScatterLines
표면형 차트	xlSurface
상단 뷰 표면형 차트	xlSurfaceTopView
3D 꺾은선형 차트	xl3DLine
3D 막대 차트	xl3DBar
3D 원형 차트	xl3DPie
3D 영역형 차트	xl3DArea
3D 산포형 차트	xl3DScatter
상자 및 세로선 차트	xlBoxAndWhisker
히스토그램	xlHistogram
게이지 차트	xlGauge
피벗 테이블	xlPivotTable
지도 차트	xlMap

이번에는 가로 막대형 차트를 선택하고 싶기에 다음과 같이 변경합니다.

```
.ChartType = xlBarClustered
```

매크로 내에서 필요한 부분을 설정 및 확인 후 파일 메뉴에서 '저장'을 선택합니다. 그러면 작성 중인 통합 문서 이름이 표시되므로 파일 형식에 'Excel 매크로 사용 통합 문서(xlsm)'를 지정하고 '저장' 버튼을 클릭하여 저장합니다. 열려 있는 통합 문서 파일에 방금 만든 매크로가 내장된 상태로 파일이 저장되는 것입니다.

VBA 편집기 창이 닫히고 작성 중인 엑셀 시트 창으로 돌아갔다면, 이제 방금 만든 매크로를 실제로 실행해 봅시다.

'보기' 도구 모음에서 '매크로' - '매크로 보기'를 선택합니다. 그러면 '매크로' 대화 상자가 열립니다. '매크로' 대화 상자에는 방금 VBA 편집기에서 생성한 매크로가 표시되어 있습니다. 이 매크로를 선택하고 '실행' 버튼을 클릭합니다.

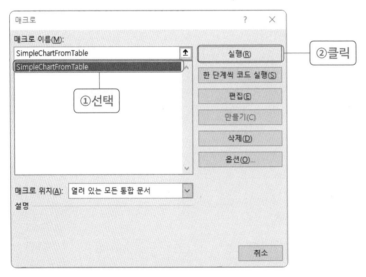

'매크로' 대화 상자가 열리므로, 작성한 매크로에 커서를 맞추고 '실행' 버튼을 클릭한다.

이제 의도한 대로 작성 중인 표를 기반으로 한 가로 막대형 차트가 생성 및 표시되었습니다.

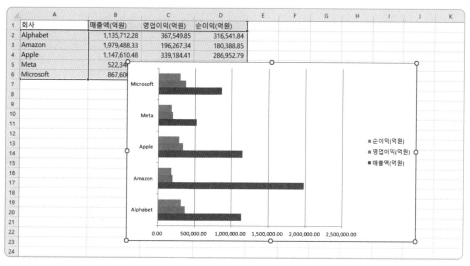

작성 중인 표를 바탕으로 가로 막대형 차트가 작성, 표시된다.

사실 표시된 표를 범위 선택해서 차트로 만드는 것은 그리 번거로운 작업은 아닙니다. 하지만 기획서나 보고서, 문서 등을 작성할 때 항상 이와 같은 표 만들기와 그 표를 차트로 변환하는 작업을 반복하고 있다면, 버튼 두세 번만 클릭하면 차트가 만들어지는 매크로가 훨씬 더 편리할 것입니다.

챗GPT를 활용하면 매크로 초보자도 쉽게 매크로를 만들 수 있으니 꼭 한번 활용해보세요.

앞선 항목에서도 챗GPT가 생성한 매크로를 실제로 파일 내에 포함하기 전에 필요한 부분을 수정했는데, 챗GPT는 꺾은선형차트를 만들라고 답했지만 실제로 만들고 싶은 것은 가로 막대형 차트였기 때문에 해당 부분을 다시 작성했습니다.

하지만 매크로 내에서 차트를 지정할 때 어떤 단어를 사용해야 하는지조차 모르는 사람도 있을 것입니다.

이럴 때는 **작성한 매크로를 바탕으로 필요한 요구사항을 전달하고, 챗GPT가 답변한 매크로 자체를 수정해 달라고 요청하세요.**

앞서 매크로를 작성한 대화에 이어 다음과 같이 지시합니다.

> 🧑 차트의 종류를 가로 막대형 차트로 바꾸고 싶어.

> 🌐 가로 막대형 차트로 변경하려면, 차트 유형을 xlBarClustered로 설정하면 됩니다. 아래는 이전에 제공한 매크로 코드에서 차트 유형을 가로 막대형 차트로 변경한 버전입니다.

가로 막대형 차트로 변경된 VBA 코드

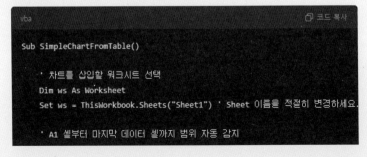

```vba
Sub SimpleChartFromTable()

    ' 차트를 삽입할 워크시트 선택
    Dim ws As Worksheet
    Set ws = ThisWorkbook.Sheets("Sheet1") ' Sheet 이름을 적절히 변경하세요.

    ' A1 셀부터 마지막 데이터 셀까지 범위 자동 감지
```

```
Dim chartRange As Range
Set chartRange = ws.UsedRange ' 시트의 사용된 범위를 자동으로 감지

' 차트를 삽입하고, 차트 개체 변수 선언
With ws.ChartObjects.Add(Left:=300, Width:=500, Top:=50, Height:=300).
    .SetSourceData Source:=chartRange
    .ChartType = xlBarClustered ' 가로 막대형 차트로 설정
    .HasTitle = True
    .ChartTitle.Text = "데이터 차트" ' 차트 제목 설정
End With

End Sub
```

(이하 생략)

이제 챗GPT는 꺾은선형 차트를 가로 막대형 차트로 변경하고 다시 매크로 코드를
표시해 주었습니다.

챗GPT의 답변에서도 알 수 있듯이, 앞선 답변에는 'ChartType = xlLine'이라고 명
시되어 있던 부분이 이번에는 'ChartType = xlBarClustered'로 바뀌어 있습니다.

▼ 지정한 범위를 차트로 만든다

한 가지 더 수정하고 싶은 부분이 있습니다. 이 매크로에서는 차트의 기반이 되는 표
를 자동으로 감지하도록 되어 있습니다. 하지만 차트를 만들 때 항상 표의 전체 부분
을 포함하게 만들고 싶은 것은 아니죠.

큰 표를 작성할 때 일정 부분을 범위 선택해서 그 부분만 차트로 표현할 수 있게끔 가
능하다면 매크로 실행 전에 표의 범위를 지정하고 그 부분을 차트로 만들고 싶습니다.

챗GPT에 이러한 요청을 전달합니다. 차트의 기준이 되는 부분은 미리 범위를 지정
하게 설정해 달라는 내용을 역시 같은 채팅에서 지정합니다.

> 🔘 매크로 실행 전에 셀 범위를 선택하는 대화 상자를 띄우고, 범위 선택한 부분을
> 차트로 만들게끔 수정해 줘.

아래는 사용자가 매크로 실행 전에 셀 범위를 선택하고, 선택한 범위로 차트를 만드는 VBA 코드입니다. 이 코드는 현재 선택된 셀 범위를 사용하여 차트를 생성합니다.

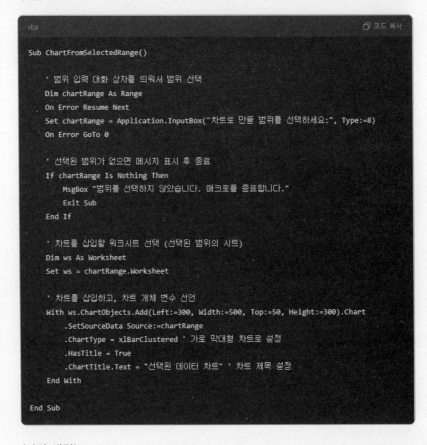

```vba
Sub ChartFromSelectedRange()

    ' 범위 입력 대화 상자를 띄워서 범위 선택
    Dim chartRange As Range
    On Error Resume Next
    Set chartRange = Application.InputBox("차트로 만들 범위를 선택하세요:", Type:=8)
    On Error GoTo 0

    ' 선택된 범위가 없으면 메시지 표시 후 종료
    If chartRange Is Nothing Then
        MsgBox "범위를 선택하지 않았습니다. 매크로를 종료합니다."
        Exit Sub
    End If

    ' 차트를 삽입할 워크시트 선택 (선택된 범위의 시트)
    Dim ws As Worksheet
    Set ws = chartRange.Worksheet

    ' 차트를 삽입하고, 차트 개체 변수 선언
    With ws.ChartObjects.Add(Left:=300, Width:=500, Top:=50, Height:=300).Chart
        .SetSourceData Source:=chartRange
        .ChartType = xlBarClustered ' 가로 막대형 차트로 설정
        .HasTitle = True
        .ChartTitle.Text = "선택된 데이터 차트" ' 차트 제목 설정
    End With

End Sub
```

(이하 생략)

메모

챗GPT는 같은 채팅 내에서라면 대화 내용을 기억하며, 사람과 사람이 대화하듯 이전 이야기를 이어가며 대화를 이어갈 수 있다. 따라서 이전 코드를 일일이 지정할 필요가 없다.

챗GPT에서 돌아온 답변의 매크로 부분을 '코드 복사' 버튼을 클릭하여 클립보드에 복사한 후, 엑셀로 돌아와 VBA 편집기를 열고 '삽입' - '모듈'을 지정하여 매크로를 붙여넣습니다.

모든 요청 사항은 챗GPT가 매크로를 작성해 주었기 때문에 여기서 다시 수정할 필요가 없습니다.

매크로를 저장한 후 엑셀 시트로 돌아가 '매크로' - '매크로 보기'를 선택하고 방금 만든 매크로를 지정한 후 '실행' 버튼을 클릭합니다.

그러면 먼저 '입력' 대화 상자가 열리고, 차트를 만들 셀 범위를 선택하라는 메시지가 표시됩니다. 이때 셀 범위를 직접 입력해도 되지만, 표의 셀 범위를 마우스로 드래그하여 선택할 수도 있습니다. 선택한 범위가 자동으로 대화 상자에 입력되므로 문제가 없다면 '확인' 버튼을 클릭합니다.

이제 범위 선택된 부분만 가로 막대형 그래프로 표시됩니다.

01 VBA 편집기에서 모듈에 매크로를 붙여넣기한다.

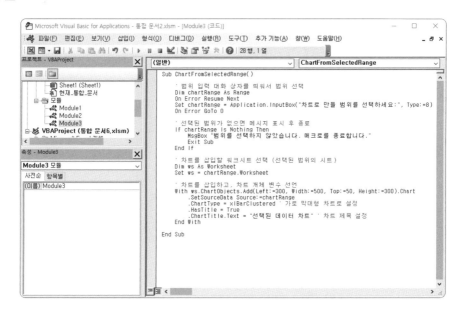

02 작성한 매크로를 선택하고(①), '실행'을 클릭한다(②).

03 매크로를 실행하면 '범위 입력' 대화 상자가 나오므로, 차트로 만들고 싶은 셀 범위를
지정하고(①), '확인'을 클릭한다(②).

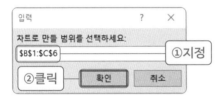

04 선택한 부분이 차트로 만들어져 표시된다.

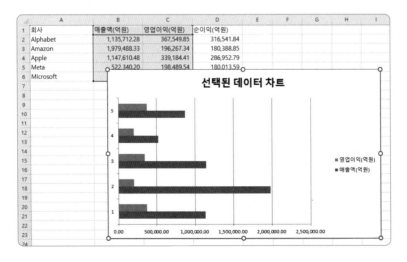

챗GPT를 사용하면 엑셀 매크로를 이용해 실제로 구현하고 싶은 작업을 곧바로 코드로 만들 수 있습니다. **챗GPT가 생성한 코드를 VBA 편집기에 복사하여 붙여넣기만 하면 되니까요**. 이것만으로 매크로를 생성할 수 있고, 평소에 하던 작업을 효율적으로 실행할 수 있습니다.

엑셀에서 매크로를 사용하는 것은 자동화, 효율화, 생산성 향상을 위해 필수라고 할 수 있습니다. 그것을 챗GPT를 활용하기만 하면 쉽게 해낼 수 있습니다.

5-03 코드를 붙여넣고 설명 요청하기

다른 사람이 작성한 매크로를 분석한다

동료가 만든 엑셀 파일이나 사내외에서 받은 엑셀 파일에는 매크로가 내장된 경우도 있습니다.

매크로가 제대로 작동하지 않거나, 매크로가 어떤 기능을 수행하는지 모르거나, 자신의 작업을 위해 매크로를 개선하고 싶을 때도 있습니다.

물론 엑셀 매크로에 익숙하지 않은 사람이라면, 그런 작업은 엄두가 나지 않을 수도 있겠죠. 이럴 때일수록 챗GPT가 나설 때입니다.

다른 사람이 만든 매크로가 포함된 엑셀 파일을 받은 후 '보기' 메뉴에서 '매크로'를 지정하면 '매크로' 대화 상자가 표시됩니다. 이 대화 상자에서 매크로의 내용을 보고 싶은 매크로를 선택하고 '편집' 버튼을 클릭합니다.

그러면 VBA 편집기가 실행되어 매크로의 내용을 표시해 줍니다. 이 VBA 편집기에 표시된 매크로를 보고 잘 작동하지 않는 부분을 수정하거나 자신만의 매크로로 수정할 수 있습니다.

▼ 매크로에 무슨 내용이 적혀 있는지 물어본다

매크로를 잘 아는 사용자라면 이 VBA 편집기 내에 표시된 매크로를 읽고, 필요하다면 수정하여 잘 동작하지 않는 부분 혹은 자신이 원하는 부분을 수정할 수도 있을 테죠.

하지만 매크로에 익숙하지 않은 사용자들은 그 안에 무엇이 적혀 있는지, 그리고 그것이 어떤 의미인지, 어떻게 고쳐야 하는지 등 모르는 것으로 가득합니다.

매크로의 시작 부분으로 커서를 이동한 후 Shift 키를 누른 상태에서 매크로의 마지막까지 범위 선택을 합니다. 그 상태에서 Ctrl + C 키를 눌러 클립보드에 복사합시다.

01 '매크로' 대화 상자에서 내용을 알고 싶은 매크로를 선택하고(①), '편집'을 클릭한다
(②).

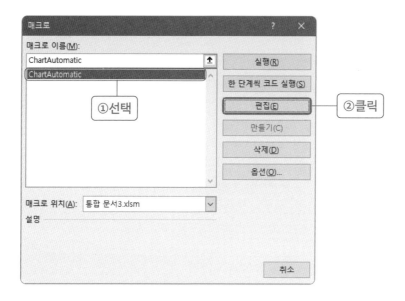

02 VBA 편집기가 실행되며 매크로의 내용이 표시된다.

다음으로 챗GPT를 열고 다음과 같이 입력한 후 마지막으로 [Ctrl] + [V] 키를 눌러 클립보드에 복사해 둔 매크로를 붙여넣습니다.

> 🧑 다음 매크로를 설명해 줘.

그러면 매크로의 내용을 설명해 줍니다. **챗GPT의 답변 중 모르는 것이 있으면 같은 채팅에서 계속 물어봅시다.**

아무리 같은 질문을 반복해도 귀찮아하지 않고 대답해 주는 것이 챗GPT의 장점입니다. 그렇게 질문해 나가는 사이에 어느새 VBA의 기초를 익히고 중급자로 성장하고 있음을 실감할 수 있을 것입니다.

> **메모**
>
> 챗GPT의 답변은 어느 정도 지식이 있는 사용자를 위한 경우가 많다. 진짜 초보자라면 그 답변을 이해하지 못할 수도 있다. 이럴 때는 '초보자를 위해 설명해 줘', '초등학생도 이해할 수 있도록 설명해 줘' 등으로 지정하거나, 처음부터 한 줄, 한 문장씩 지정하고 그 부분이 어떤 의미인지 알려 달라고 요청해 본다.

5-04 오류 원인과 대책 묻기

VBA 숙달을 위한 귀중한 조언

엑셀 매크로를 실행할 때 오류가 발생하거나 생각대로 동작하지 않는 경우도 많습니다.

매크로 실행 시 오류가 발생하면 초보자들은 깜짝 놀라게 됩니다. VBA 언어에 익숙하지 않은 상태에서 오류까지 발생하면 어떻게 해야 할지 막막하기만 합니다.

물론 이것도 챗GPT에 질문해 봅시다. 오류의 내용과 해결 방법을 질문하는 것입니다. 오류 내용을 복사하거나, 복사할 수 없는 경우에는 오류 내용을 옮겨 적어서 챗GPT의 프롬프트에서 지정합니다.

> 🗨 VBA 매크로에서 "컴파일 오류입니다. 메서드나 데이터 구성원을 찾을 수 없습니다."라는 오류가 발생했어. 어떻게 해야 해?

> 🔘 "컴파일 오류입니다. 메서드나 데이터 구성원을 찾을 수 없습니다."라는 오류는 VBA 코드에서 잘못된 메서드나 속성, 또는 잘못된 객체를 참조하고 있을 때 발생합니다. 이 문제를 해결하기 위해 몇 가지 점검할 사항과 해결 방법을 제시하겠습니다.
>
> **오류 점검 및 해결 방법**
>
> **1. 잘못된 메서드나 속성 사용**
> - 코드에서 사용된 메서드나 속성이 올바른지 확인합니다. 특히, Excel VBA의 메서드나 속성, 또는 객체가 올바르게 사용되었는지 점검합니다.
>
> **2. 오타 확인**
> - 메서드나 속성 이름에 오타가 있을 수 있습니다. 모든 이름을 정확히 입력했는지 확인합니다.

(이하 생략)

▼ 번호를 지정하여 해결책 물어보기

이 오류가 발생했을 때의 해결책으로 몇 가지 방법을 제시하였습니다. VBA에 대해 어느 정도 알고 있는 사용자라면 어느 부분을 수정해야 할지 알 수 있겠죠.

하지만 답변을 읽어도 어디를 수정해야 할지 모르는 경우도 많습니다. 답변에는 오류를 수정하는 방법이 번호가 매겨진 글자로 표시되어 있었습니다. 그렇기에 다음과 같이 다시 질문해 보겠습니다.

> 🧑 1은 문제없었어. 2는 구체적으로 오류 부분을 알 방법이 있어?

> 🌐 VBA 코드에서 구체적인 오류 발생 부분을 찾는 것은 디버깅의 중요한 부분입니다. VBA에서는 다음과 같은 방법으로 오류 발생 위치와 원인을 식별할 수 있습니다:
>
> **1. 디버깅 도구 사용하기**
> **1. 브레이크포인트 설정하기**
>   - 코드에서 문제가 발생할 가능성이 있는 줄에 브레이크포인트를 설정할 수 있습니다. 브레이크포인트를 설정하면 코드 실행이 해당 줄에서 멈추고, 변수 값과 상태를 확인할 수 있습니다.
>   - 브레이크포인트를 설정하려면, VBA 편집기에서 원하는 줄 번호 왼쪽을 클릭합니다. 빨간 점이 나타나면 브레이크포인트가 설정된 것입니다.
>
> **2. F8 키로 코드 한 줄씩 실행하기**
>   - 코드 실행 중 브레이크포인트에서 멈추면, F8 키를 눌러 한 줄씩 코드를 실행해 문제를 찾을 수 있습니다. 각 줄이 실행될 때 변수 값과 코드의 동작을 확인할 수 있습니다.

(이하 생략)

    VBA 편집기에서는 디버깅 도구를 실행하여 오류가 발생하면 발생하는 코드의 위치를 파악할 수 있는 기능이 있습니다. 또한 디버깅 도구를 실행하기 위해서는 어떻게 조작해야 하는지도 답변해 주었습니다.

    이 답변에 따라 디버깅 도구를 이용해 오류를 찾아 코드를 수정하는 것도 좋지만, 번거롭거나 디버깅 도구를 잘 조작할 수 없거나 오류를 찾아도 어떻게 수정해야 할지 막막할 수도 있겠죠.

    이럴 때는 마찬가지로 챗GPT에 맡겨 버립시다. 같은 채팅을 통해 이번에는 VBA의 코드를 붙여넣고, 오류를 찾아내어 수정까지 요청하는 것입니다.

> 오류 부분과 그 수정 사항을 알려 줘. 코드는 다음과 같아.
>
> ```
> Sub CopyRangeToClipboard()
>     Dim ws As Worksheet
>     Dim selectedRange As Range
>     Dim rangeAddress As String
> ```
> (이하 생략)

> 제공된 VBA 코드에서 오류와 수정 사항을 확인해 보겠습니다. 코드의 주요 오류는 다음과 같습니다:
>
> 1. **변수 이름 오류**: Address라는 변수는 선언되지 않았으며, If Address = "" 구문은 rangeAddress로 수정해야 합니다.
> 2. **오류 처리**: 범위 설정 시 발생할 수 있는 오류를 정확히 처리하고, On Error 구문을 올바르게 설정해야 합니다.
>
> 수정된 코드는 다음과 같습니다:

```vba
Sub CopyRangeToClipboard()
    Dim ws As Worksheet
    Dim selectedRange As Range
    Dim rangeAddress As String

    ' 현재 시트 설정
    Set ws = ActiveSheet   ' 현재 활성 시트 사용
```

(중략)

수정 사항 설명

1. **변수 이름 수정**:
If Address = ""를 If rangeAddress = ""로 수정했습니다. Address는 코드 내에서 선언되지 않았기 때문에 rangeAddress로 수정해야 합니다.

2. **오류 처리**:
On Error Resume Next와 On Error GoTo 0을 사용하여 범위 변환 시 발생할 수 있는 오류를 처리합니다. 이는 범위 입력이 잘못된 경우를 처리하는 데 유용합니다.

이 코드는 사용자에게 입력 상자를 통해 범위를 입력받고, 해당 범위를 클립보드에 복사합니다. 오류가 발생하지 않도록 유효성 검사를 포함하여 오류를 처리하는 방식으로 수정되었습니다.

붙여넣은 코드가 수정되고 수정된 코드가 표시됩니다. 또한 수정한 부분이 자세히 설명되어 있습니다. **이 수정된 부분에 대한 설명은 꼭 읽어 보시기 바랍니다.** 앞으로 VBA를 익히는 데에도 도움이 되는 조언이니까요.

수정된 코드 부분에서 '코드 복사' 버튼을 클릭한 후 VBA 편집기로 돌아가서 코드를 모두 수정된 코드에 덮어씁니다. 이제 매크로를 실행하면 오류 없이 올바르게 실행될 것입니다.

만약 다시 오류가 발생한다면 다시 오류 메시지를 복사하여 붙여넣거나 코드를 모두 복사하여 챗GPT에 수정해 달라고 요청하세요. 이 작업을 몇 번 반복하면 오류 없는 매크로가 완성될 것입니다.

5-05 코드에 새로운 기능 추가하기

나만의 취향에 맞는 표로 만든다

작성한 코드에 **새로운 기능을 추가하고 싶을 때**는 어떻게 하면 좋을까요? 예를 들어, 작성한 표를 선택하고 해당 표의 가로와 세로를 서로 바꾸고 싶다고 가정해 봅시다.

표를 만든 후 행과 열을 바꾸고 싶을 때가 있습니다. 물론 바꿀 표를 선택하고 붙여넣기할 때 옵션으로 '행/열 바꿈'을 지정하여 행과 열을 바꾼 표를 만들 수도 있습니다.

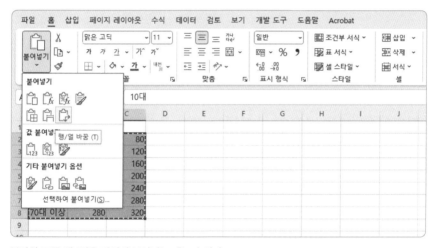

복사한 표를 행/열을 바꿔서 붙여넣는 메뉴가 있다.

또는 행/열을 바꾸고 싶은 표의 셀 범위를 지정하고 TRANSPOSE 함수를 이용하여 구현할 수도 있습니다.

하지만, 예를 들어 이미 범위 선택을 하는 매크로를 만들어 둔 상태인 경우 이 매크로에 행/열을 바꿔서 표로 만드는 기능을 추가하면 어떨까요?

표의 셀 범위를 선택하는 매크로는 다음과 같습니다.

```
Sub SelectDynamicRange()
    Dim selectedRange As Range
```

```
' 범위 선택을 위한 입력 상자 표시
On Error Resume Next
Set selectedRange = Application.InputBox("선택할 범위를 지정해 주세요:",
 Type:=8)
On Error GoTo 0

' 유효한 범위가 선택된 경우
If Not selectedRange Is Nothing Then
    selectedRange.Select
End If
End Sub
```

▼ 선택 범위의 행/열을 바꾸어 붙여넣는 기능 추가하기

이 매크로에 선택 범위의 행/열을 바꾸어 붙여넣는 기능을 추가해 봅시다. 마찬가지로 코드를 복사하여 붙여넣고 챗GPT에 물어봅니다.

🧑 다음 코드에 범위 지정한 부분의 행과 열을 교체한 표를 생성하는 기능을 추가해 줘.

```
Sub SelectDynamicRange()
    Dim selectedRange As Range

    ' 범위 선택을 위한 입력 상자 표시
    On Error Resume Next
    Set selectedRange = Application.InputBox("선택할 범위를 지정해 주세
요:", Type:=8)
    On Error GoTo 0
    (이하 생략)
```

◎ 범위를 선택한 후 해당 범위의 행과 열을 교체(전치)한 표를 생성하는 기능을 추가한 코드는 다음과 같습니다. 이 코드는 사용자가 지정한 범위를 선택한 후, 새로운 시트에 행과 열을 교체한 데이터(전치 행렬)를 생성합니다.

```vba
Sub SelectDynamicRange()
    Dim selectedRange As Range
    Dim transposedRange As Range
    Dim newSheet As Worksheet

    ' 범위 선택을 위한 입력 상자 표시
    On Error Resume Next
    Set selectedRange = Application.InputBox("선택할 범위를 지정해 주세요:", Type:=8)
    On Error GoTo 0

    ' 유효한 범위가 선택된 경우
    If Not selectedRange Is Nothing Then
        selectedRange.Select

        ' 새로운 시트 추가
        Set newSheet = ThisWorkbook.Sheets.Add
        newSheet.Name = "TransposedData"
```

(이하 생략)

챗GPT는 새로운 기능을 추가한 VBA 코드를 작성해 주었습니다. 여기서는 새로운 시트에 선택 범위의 행/열을 바꾼 표를 넣어 주는 방식을 알려 주었네요.

그럼 표시된 매크로의 오른쪽 상단에 있는 '코드 복사' 버튼을 클릭한 후, 다시 VBA 편집기로 돌아가서 붙여넣기하고 파일을 저장한 후 실행해 봅시다.

매크로를 실행하면 표의 범위를 선택하는 대화 상자가 나타나므로 마우스로 표를 선택하고 '확인' 버튼을 클릭합니다. 그러면 선택한 표의 행과 열이 교체된 표가 새로운 시트에 생성됩니다. 이것으로 성공입니다.

챗GPT를 사용하면 표의 행과 열을 단번에 바꿀 수 있는 매크로도 쉽게 만들 수 있습니다. 이제 표의 가로축과 세로축으로 고민하는 시간도, 일일이 행과 열을 바꾸는 시간도 필요 없습니다. 표 작성의 효율성이 크게 향상될 것 같지 않나요?

01 매크로를 실행하면 우선 표의 선택 범위를 행하는 '입력' 대화 상자가 나오므로, 마우스로 표를 선택하고(①), [확인]을 클릭한다(②).

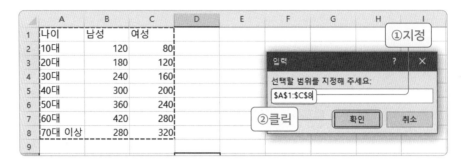

02 선택한 표의 행과 열이 바뀐 표가 만들어진다.

	A	B	C	D	E	F	G	H	I
1	나이	10대	20대	30대	40대	50대	60대	70대 이상	
2	남성	120	180	240	300	360	420	280	
3	여성	80	120	160	200	240	280	320	
4									
5									

5-06 오리지널 함수 만들기

나만의 편리한 함수를 만든다

엑셀에서는 함수를 이용하여 다양한 계산이나 기능을 구현할 수 있습니다. 잘 알려진 것으로는 SUM 함수가 있는데, 이것은 셀 범위를 지정하여 해당 셀에 입력된 수치나 데이터를 합산하는 함수입니다. 간단한 수식으로도 구현할 수 있지만, 함수를 사용하는 것이 더 편리합니다.

엑셀에는 이런 편리한 함수가 많지만, 오히려 함수가 너무 많아서 어떤 상황에서 어떤 함수를 사용해야 할지 모르는 경우가 많습니다. 또는 실행하고자 하는 기능을 구현하는 함수를 찾지 못하는 경우도 많을 테죠.

이럴 때를 위해 엑셀에서는 **사용자가 직접 함수를 만들 수 있습니다**. 매크로는 그 한 예라고 할 수 있는데, 이 매크로에서 **Function 프로시저**를 이용하여 오리지널 함수를 만들 수 있습니다.

참고로 프로시저란 VBA의 처리를 정리한 것을 말합니다. 일반적인 매크로는 다음과 같은 구조로 되어 있습니다.

```
Sub 프로시저명()
 'VBA 처리
End Sub
```

이것이 매크로의 가장 기본적인 구조인데, Function 프로시저는 함수를 정의하기 위한 절차의 일종입니다. 설정한 처리를 수행하고 그 결과를 반환하는 프로시저입니다.

예를 들어 다음과 같은 함수를 만들어 보겠습니다. 아주 간단한 함수로, 인수로 숫자나 셀을 지정하고, 다른 인수에도 역시 숫자나 셀을 지정하면 두 셀의 값을 곱하여 그 결과를 표시하는 함수입니다.

```
Function 곱하기(ByVal num1 As Double, ByVal num2 As Double) As Double
 '2개의 숫자를 곱하는 사용자 정의 함수
 곱하기 = num1 * num2
End Function
```

이 매크로를 VBA 편집기를 실행하고 '삽입' - '모듈'을 선택하여 매크로를 작성하고 매크로 사용 가능 파일로 저장해 봅시다.

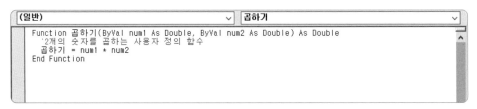

모듈에서 코드를 입력하고 저장한다.

함수라고 해도 그리 어렵지 않죠? 오리지널 함수 이름을 정하고 그 함수의 동작을 설정하면, 이 오리지널 함수는 함수를 입력한 셀에 설정한 동작을 수행한 후의 값을 표시하는 흐름입니다.

	C1	∨ : × ✓ fx	=곱하기(A1, B1)		
	A	B	C	D	E
1	34	55	1870		
2					

작성한 오리지널 함수인 '곱하기'를 실행한다. 지정한 2개의 셀의 값을 곱한 수치를 표시해 준다.

매크로를 그럭저럭 사용할 수 있게 되면 이런 것도 가능하지만 실제로는 이런 동작을 하는 함수를 만들어 달라고 챗GPT에 질문하는 것만으로도 간단한 함수를 곧장 만들 수 있습니다.

▼ 오리지널 함수로 챗GPT 사용하기

이제 조금 더 정교한 함수를 만들어 봅시다.

표를 만들었으면 보기 좋게 다듬기 위해 표의 외곽에 테두리를 설정하고, 첫 번째 행에 배경색을 지정한 후 두 번째 행부터 한 줄 간격으로 옅은 배경색을 설정하는 등의 일련의 동작을 매크로화해 봅시다.

항상 하는 작업이며, 마지막에 표 작성의 마무리로 꼭 해 두면 좋은 작업입니다. 매번 같은 작업을 반복하는 것은 귀찮고 효율성도 떨어집니다. 작업의 효율성을 위해서라도 매크로를 사용하고 싶을 것입니다.

이 매크로의 동작은 다음과 같습니다.

① 표를 선택한다.

② 표 전체에 외곽선 테두리를 설정한다.

③ 표의 첫 번째 행에 옅은 회색 배경색을 설정한다.

④ 표의 두 번째 행부터 한 줄 간격으로 옅은 녹색 배경색을 설정한다.

위의 작업을 매크로 한 번으로 실행할 수 있도록 하는 것입니다. 여러 조작이 필요하기 때문에 매크로 코드도 조금 고민이 됩니다.

이럴 때일수록 챗GPT에 물어봅시다. 이 일련의 동작을 통째로 챗GPT에 입력하여 매크로를 만들어 달라고 요청해봤습니다.

> 🧑 엑셀 매크로를 만들어 줘. 필요한 기능은 다음과 같아.
> ① 표를 선택한다.
> ② 표 전체에 외곽선 테두리를 설정한다.
> ③ 표의 첫 번째 행에 옅은 회색 배경색을 설정한다.
> ④ 표의 두 번째 행부터 한 줄 간격으로 옅은 녹색 배경색을 설정한다.
> 이 기능을 하나의 매크로로 만들어 줘.

> 🌀 아래는 요청하신 기능을 구현한 Excel 매크로 코드입니다. 이 매크로는 사용자
> 가 선택한 표에 대해 외곽선 테두리를 설정하고, 첫 번째 행에 회색 배경을, 두

번째 행부터 한 줄 간격으로 옅은 녹색 배경을 적용합니다.

```vba
Sub FormatSelectedTable()
    Dim selectedRange As Range
    Dim rowCount As Long
    Dim i As Long

    ' ① 표를 선택한다.
    On Error Resume Next
    Set selectedRange = Application.InputBox("표를 선택하세요:", Type:=8)
    On Error GoTo 0
```

(이하 생략)

순식간에 매크로가 생성되고 코드가 표시되었습니다. 이 코드를 VBA 편집기에 붙여넣고 '파일' 메뉴에서 '저장'을 지정하여 시트에 저장합니다.

실제로 매크로를 실행하는 방법은 기존과 같습니다. '매크로' - '매크로 보기'를 선택하고 나타난 '매크로' 대화 상자에서 생성한 매크로를 지정합니다. 그러면 범위 지정 대화 상자가 나타나므로 표의 범위를 선택합니다. 그 결과 외곽선이 추가되고, 첫 번째 행에는 회색 배경색이 설정되며, 두 번째 행부터 한 줄 간격으로 옅은 녹색 배경색이 설정된 표로 바뀌었습니다. 만들려고 했던 매크로의 기능 그 자체입니다.

	A	B	C
1	회사명	주소	매출 (백만 원)
2	한빛전자	서울특별시 강남구 테헤란로	1,200
3	새한물산	부산광역시 해운대구 센텀로	980
4	청우산업	인천광역시 연수구 송도동	1,350
5	동양화학	대전광역시 서구 둔산동	860
6	삼정상사	대구광역시 중구 동성로	730
7	신우철강	광주광역시 서구 상무대로	1,120
8	동아건설	울산광역시 남구 삼산동	900
9	현대기술	경기도 성남시 분당구	1,400
10	유니온전자	경상남도 창원시 성산구	950
11	서진식품	충청남도 천안시 서북구	780
12	태평양무역	전라북도 전주시 완산구	860
13	대원섬유	강원도 춘천시 중앙로	670
14	청솔종합건설	제주특별자치도 제주시	1,050
15	한양테크	경기도 수원시 영통구	1,180

매크로가 실행되어 설정한 것처럼 표가 수정되었다.

한편, 매크로 내의 외곽선 지정은 다음의 상수로 설정, 변경할 수 있습니다.

상수	외곽선
xlHairline	아주 얇은
xlThin	얇은
xlMedium	중간
xlThick	굵은

외곽선을 변경하고 싶을 때는 매크로 실행 중에 외곽선 두께를 선택할 수 있도록 개선해 봅시다. 이것도 물론 챗GPT에 물어봅니다.

> 🔘 매크로 실행 중 외곽선 두께를 선택할 수 있도록 하고 싶어.

> ◉ 외곽선 두께를 사용자가 선택할 수 있도록 매크로를 수정할 수 있습니다. 이를 위해, InputBox를 사용하여 외곽선 두께를 입력받고, 그 값에 따라 테두리를 설정하도록 매크로를 확장할 수 있습니다.
>
> 아래는 외곽선 두께를 선택할 수 있도록 수정된 매크로입니다:

```vba
Sub FormatSelectedTable()
    Dim selectedRange As Range
    Dim rowCount As Long
    Dim i As Long
    Dim borderWidth As Integer
    Dim inputValue As String

    ' ① 표를 선택한다.
    On Error Resume Next
    Set selectedRange = Application.InputBox("표를 선택하세요:", Type:=8)
    On Error GoTo 0
```

(이하 생략)

이 코드도 즉시 수정해서 표시해 주었습니다. 이 코드를 앞서 붙여넣은 VBA 편집기의 모듈로 대체하여 붙여넣습니다.

이 매크로를 실행하면 먼저 외곽선 굵기를 지정하는 대화 상자가 나타나므로 1~4 중 하나를 입력합니다. 1은 아주 얇은 선, 4는 굵은 선으로 설정되어 있습니다.

이 대화 상자에서 '확인' 버튼을 클릭하면 외곽선이 그려지고, 첫 번째 행은 회색 배경색, 두 번째 행부터는 한 줄 간격으로 옅은 녹색 배경색으로 설정된 표로 수정됩니다.

엑셀 매크로도 챗GPT를 사용하면 쉽게 만들 수 있습니다. 이 조합을 통해 루틴 작업을 점점 더 자동화해 보세요.

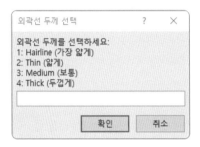

매크로를 실행하면 대화 상자가 나타나 외곽선의 두께를 설정할 수 있다.

	A	B	C	D	E	F	G	H
1	회사명	주소	매출 (백만 원)					
2	한빛전자	서울특별시 강남구 테헤란로	1,200					
3	새한물산	부산광역시 해운대구 센텀로	980					
4	청우산업	인천광역시 연수구 송도동	1,350					
5	동양화학	대전광역시 서구 둔산동	860					
6	삼정상사	대구광역시 중구 동성로	730					
7	신우철강	광주광역시 서구 상무대로	1,120					
8	동아건설	울산광역시 남구 삼산동	900					
9	현대기술	경기도 성남시 분당구	1,400					
10	유니온전자	경상남도 창원시 성산구	950					
11	서진식품	충청남도 천안시 서북구	780					
12	태평양무역	전라북도 전주시 완산구	860					
13	대원섬유	강원도 춘천시 중앙로	670					
14	청솔종합건설	제주특별자치도 제주시	1,050					
15	한양테크	경기도 수원시 영통구	1,180					

지정한 외곽선이 그려지고, 1행은 회색 배경색, 2행부터는 한 줄 간격으로 녹색 배경색이 설정되었다.

5-07 GPTs를 이용하여 챗GPT 맞춤 설정하기

플러그인도 사용할 수 있다

챗GPT는 2023년 11월에 **GPTs**라는 기능을 탑재했습니다. GPTs는 챗GPT의 기능을 확장하기 위한 추가 모듈로, 텍스트 생성 기능을 확장할 수 있는 추가 기능입니다. 자신의 상황에 맞게 전용 GPT를 만드는 것도 그리 어렵지는 않지만, 이미 많은 수의 유용한 GPTs가 공개되어 있으니 해당 GPTs를 선택하여 사용하는 것도 좋습니다.

배포 중인 GPTs 중에는 URL을 지정하면 해당 페이지를 기반으로 답변해 주는 챗봇, 지정한 웹사이트나 문서의 정보를 가져와 독자적인 AI 챗봇을 만들어 주는 GPTs 등도 있습니다. 이러한 GPTs는 단순히 텍스트를 생성하거나 번역하거나 문장을 요약하는 것 이상으로 챗GPT를 편리하고 강력한 도구로 바꿔 줍니다.

메모

GPTs는 출시 당시에는 유료 회원만 이용할 수 있었지만, 2024년 5월부터 무료 회원도 이용 가능하게 바뀌었다. 다만 자신의 취향에 맞는 GPTs를 만들기 위해서는 유료 버전인 챗GPT Plus 또는 기업용 회원인 챗GPT Enterprise에 가입해야 한다.

▼ 챗GPT PLUS 가입하기

현재 무료 버전의 사용자도 챗GPT의 다양한 언어 모델을 이용할 수 있으며, GPTs 이용도 자유롭습니다. 다만 무료 버전의 경우에는 GPT-4와 같은 고성능 GPT 모델이나 파일 업로드, 이미지 생성과 같은 특정 기능의 사용에 일부 제한이 있으며, GPTs도 자신만의 취향에 맞는 것을 새로 만들고자 할 때는 유료 버전의 가입이 필요합니다.

따라서 원활한 챗GPT 사용을 위해 유료 회원에 가입하는 것도 고려해 보시기 바랍니다.

유료 버전 챗GPT인 챗GPT Plus로 전환하려면 챗GPT에 로그인한 후, 화면 왼쪽 하단에 있는 '플랜 업그레이드' 메뉴를 클릭합니다. '플랜 업그레이드' 대화 상자가 나타나면 오른쪽의 'Plus' 쪽에 있는 'Plus로 업그레이드'를 클릭합니다. 카드 정보 등록 화면으로 바뀌면 필요한 사항을 입력합니다. 유료인 챗GPT Plus 버전은 월 20달러(세금 별도)의 구독료로 이용할 수 있습니다.

01 '플랜 업그레이드' 대화 상자에서 'Plus로 업그레이드'를 클릭한다.

02 카드 정보 등록 화면으로 바뀌므로 필요 사항을 기입한다.

카드 정보 등록 페이지에서 필요한 사항을 입력하고 '구독하기' 버튼을 클릭하면 잠시 후 챗GPT Plus를 사용할 수 있게 됩니다.

> **포인트**
>
> 제한 없는 챗GPT 사용을 위해 유료 회원 가입도 고려해 보자.

5-08 GPTs로 경영분석하기

유용한 GPT가 다수 공개되어 있다

GPTs에는 다양한 기능이 있습니다. 나만의 GPT를 만들 수 있는 것도 하나의 매력이지만 어떤 GPT를 만들면 좋을지 선뜻 떠오르지 않을 수도 있습니다.

그럴 때는 이미 공개된 GPT를 사용해 보세요. 챗GPT에 로그인한 후 왼쪽 상단의 'GPT 탐색' 항목을 클릭합니다. 그러면 다음과 같이 이미 공개된 GPT가 나열됩니다.

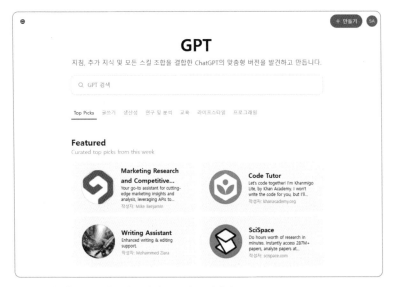

'GPT 탐색' 항목을 클릭하면 공개된 GPT가 표시된다.

이 GPT 목록 화면 오른쪽 상단에 '**+ 만들기**'라는 항목이 있습니다. 이 항목을 클릭하면 나만의 GPT를 생성할 수 있습니다(유료 버전 한정).

OpenAI나 다른 사용자가 만들어서 배포한 GPT는 아래 목록에서 확인할 수 있습니다. 이미지 생성형 AI를 이용할 수 있는 'DALL-E'나 웹을 참조하여 정보를 검색할 수 있는 'Web Browser'를 포함해 다양한 GPT가 있습니다.

▼ 데이터를 분석해 주는 GPT 'Data Analysis'

이 중 '**Data Analysis**'라는 GPT도 있습니다. 이것은 파일을 전송하면 파일 내용을 분석하여 데이터를 분석해 주는 GPT입니다.

이 책은 엑셀과 챗GPT를 조합하여 활용하는 방법을 설명하고 있으므로 이 GPT를 이용하여 엑셀 파일을 전송하고 경영 분석을 요청해 봅시다.

GPT 목록 화면에서 'Data Analysis'를 클릭하면, 데이터 분석이 가능한 Data Analysis의 화면으로 바뀝니다.

Data Analysis의 메인 화면.

화면 자체는 챗GPT의 화면과 크게 다르지 않습니다. 이 화면에 적힌 것처럼 파일을 전송하면 그 파일 내용을 분석하여 데이터 해석을 해 주는 것이 이 GPT의 기능입니다.

이 Data Analysis 화면에 내용을 분석하고자 하는 엑셀 파일을 드래그 앤 드롭해 봅시다. 그러면 파일이 전송되고 프롬프트에 전송한 파일 이름이 표시됩니다.

이 파일은 두 기업의 매출액과 순이익 등을 입력한 파일이기 때문에, 여기서는 '경영 분석을 해 줘'라고만 지시해 보았습니다. 그러면 파일 내용을 분석하여 경영 분석을 해 줍니다.

경영 분석을 해 줘

⚙ 경영 분석을 위해 업로드하신 엑셀 파일을 확인하고 분석을 진행하겠습니다. 먼저 파일의 내용을 살펴보겠습니다.

(이하 생략)

어떤가요? 기존에는 각 항목의 숫자를 프롬프트에 추가해 지정하던 것을 필요한 파일을 업로드해 지시만 하면 상세한 경영 분석을 내린 결과를 답변해 주었습니다.

이 답변을 복사하여 원래의 엑셀 파일에 추가하거나 답변에 표시된 그래프를 붙여넣거나 다른 보고서나 리포트에 이 답변을 추가하는 것만으로도 꽤 괜찮은 경영 분석 보고서가 완성됩니다.

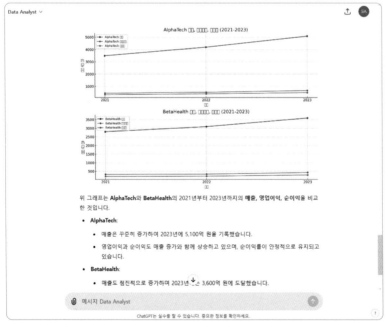

그래프도 표시하며 본격적으로 경영 분석을 해 준다.

Data Analysis를 제외하고도 이미 GPTs에 공개된 GPT가 상당히 많습니다. 그중에서 자신의 업무와 더욱 잘 맞고 편리한 GPT를 찾아서 이용해 보세요.

나아가 자료나 데이터 파일을 업로드하거나 사내에서 사용하는 매뉴얼을 업로드하여 해당 데이터를 바탕으로 자사에 편리한 GPT를 생성하는 것도 그다지 어렵지 않습니다.

엑셀뿐만 아니라 챗GPT와 조합하면 더욱 생산적이고 효율적인 업무가 가능해집니다. 그런 의미에서도 GPTs에 큰 기대가 모여지고 있습니다.

MEMO

CHAPTER 06

챗GPT × 엑셀로
업무 자동화하기

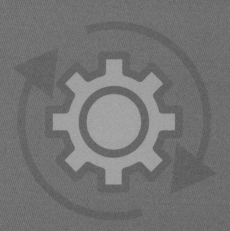

6-01 챗GPT × 엑셀로 자동화하기

자동화 가능한 업무는 무한대

챗GPT로 대표되는 텍스트 생성형 AI는 업무의 효율을 높여 줄 뿐만 아니라 우리의 일을 빼앗아 갈 수도 있습니다.

미국의 투자은행 골드만삭스가 2023년 3월 발표한 보고서(The Potentially Large Effects of Artificial Intelligence on Economic Growth)에 의하면, 생성형 AI는 3억 명분의 풀타임 일자리에 맞먹는 잠재력을 가지고 있다고 합니다. 또한 AI의 영향을 받을 것으로 예상되는 비율에 대해서도 언급하고 있는데, '미국 고용의 약 2/3가 AI에 의해 자동화되고, 업무의 25~50%는 AI에 의해 대체될 수 있다'라고 합니다.

물론 AI에 의해 3억 명의 일자리를 빼앗기고 3억 명이 실직하게 될 것이라는 의미는 아닙니다. 3억 명분의 일자리가 없어져 실직하는 사람도 있고, 다른 일을 하게 되는 사람도 있을 것입니다. 또한 그 어느 때보다 업무량이 많아지고 그것을 AI가 감당하는 세상이 도래할 것입니다.

이런 시대에 비즈니스맨은 양극화되어 있을지도 모릅니다. AI를 활용해 효율적으로 일하는 사람과 AI를 사용하지 못해 몸을 쓰는 일로 이직할 수밖에 없는 사람으로 양극화되는 것입니다. AI의 영향을 가장 많이 받는 것은 지금까지의 화이트칼라들이기 때문입니다.

업무를 제대로 수행하기 위해서는 지금보다 더 많은 업무 효율성이 요구됩니다. 생성형 AI를 활용한 업무의 효율화도 필수이며, 또한 효율성을 높이기 위해 **엑셀과 챗GPT를 조합하여 일상적으로 수행하는 단순 작업이나 일상적인 업무를 자동화**하는 것도 필요합니다.

지금까지 설명한 것처럼 챗GPT를 활용하면 엑셀 작업의 상당 부분을 자동화할 수 있습니다. 물론 기존에 엑셀을 능숙하게 구사하며 작업을 자동화해 온 사람도 있을 테죠. 하지만 챗GPT를 사용하면 누구나 쉽게 자동화 작업을 할 수 있게 됩니다.

엑셀 작업의 자동화는 대부분 매크로나 자체 함수를 통해 실행됩니다. 매크로는 VBA 언어로 작성되어 엑셀에 내장되며 클릭 한 번으로 필요한 작업을 완료할 수 있습니다.

즉, 엑셀 작업의 자동화를 위해서는 **매크로를 만들거나 매크로를 조합하는 등의 준비가 필요**합니다. 그 매크로는 VBA 언어로 작성하는데, 그것마저도 챗GPT에서 만들어 줍니다.

▼ 누구나 작업을 자동화하여 몇 배의 업무를 처리할 수 있게 된다

그렇다면 어떤 작업을 자동화할 수 있을까요? 지금까지 매크로를 그다지 사용한 적이 없는 사람이라면 쉽게 이해되지 않을 수 있습니다. 예를 들어, 회의 자료를 엑셀로 작성하고, 작성한 파일을 PDF 형식으로 저장하는 작업은 생각보다 자주 필요합니다. 파일을 만든 후 글꼴과 글자 크기를 설정하고, 이를 PDF로 저장하기 위한 설정을 한 후에 저장할 테죠. 이 작업의 흐름이 한 번의 클릭으로 끝난다면 어떨까요?

또는 작성한 표의 데이터에 빈칸은 없는지, 다른 칸과 서식이 다르지는 않은지 등 세밀한 데이터 확인도 필요합니다. 이것도 클릭 한 번으로 할 수 있으면 편리하겠죠.

작성한 데이터를 시각화하기 위해 표를 바탕으로 차트를 만들고, 그 크기를 변경하고, 이 차트를 파워포인트에 붙여넣는 등의 작업은 본연의 업무와는 동떨어진 단순 작업이라고 할 수 있습니다.

이렇게 다시 한번 생각해 보면, 엑셀 작업을 자동화하면 업무 효율성이 크게 향상되는 작업이 많습니다. 그동안 효율성이 높아진다는 것은 알지만 매크로를 공부할 시간이 없다고 생각했던 분들도 이제부터는 챗GPT와 엑셀을 조합하여 **누구나 작업을 자동화하고 몇 배의 업무를 처리할 수 있게 됩니다**.

6-02 고객 목록 분할 및 남녀별로 추출하기

회사 자산을 사용하기 쉽도록 수정한다

간단한 예를 바탕으로 살펴봅시다. 예를 들어 고객 목록입니다.

어느 기업이든 고객 목록을 작성하는 부서는 많을 것입니다. 고객 목록뿐만 아니라 상품 목록, 마케팅을 위해 설문 조사를 하고 이를 회수한 목록, 샘플 상품을 발송하기 위한 목록 등 다양한 목록이 있습니다.

이러한 목록은 처음부터 잘 생각해서 작성하면 좋겠지만, 보통은 그때그때의 필요에 따라 필요한 항목과 작성 방법 등을 결정했을 것입니다. 이런 목록은 말하자면 회사의 자산이라고 할 수 있습니다. 어떤 항목으로 어떻게 작성할 것인지, 어느 정도 목록 설정이 정해지면 이 설정에 따라 기존 목록을 수정해야 합니다.

▼ 주소란을 광역자치단체 단위로 분할하기

고객 목록에는 여러 열에 이름과 성별, 주소, 나이 등이 기재되어 있을 것입니다. 이 목록을 주소를 광역자치단체 단위로 나누고, 연령대나 성별에 따라 분류 및 추출할 수 있도록 변경해 봅시다.

	이름	주소	성별	나이					
2	김민수	서울시 강남구 테헤란로 123	남성	29					
3	이지은	부산시 해운대구 우동 456	여성	34					
4	박준호	대구시 중구 동성로 789	남성	27					
5	최수진	인천시 연수구 송도동 101	여성	31					
6	정우성	서울시 용산구 한남동 202	남성	45					
7	김영희	광주시 동구 금남로 303	여성	26					
8	조민재	울산시 남구 삼산동 404	남성	38					
9	송하나	세종시 아름동 505	여성	28					
10	한성호	경기도 성남시 분당구 606	남성	33					
11	서지연	강원도 원주시 태장동 707	여성	30					

기존에 작성한 고객 목록.

이 목록의 각 항목은 단순히 이름, 주소, 성별, 나이로 나뉘어 있을 뿐입니다. 먼저 **주소란을 광역자치단체 단위로 나누어 봅시다**.

주소를 광역자치단체별로 분할하는 매크로는 챗GPT에 다음과 같이 지정하여 작성해 보겠습니다.

하나의 셀에 주소가 입력되어 있어. 이를 광역자치단체로 구분하여 두 개의 열로 분류하는 매크로를 작성해 줘.

엑셀에서 주소를 광역자치단체(시/도)와 구체적인 주소로 분리하려면 VBA 매크로를 사용할 수 있습니다. 다음은 주소를 광역자치단체와 구체적인 주소로 나누는 VBA 매크로 예제입니다.

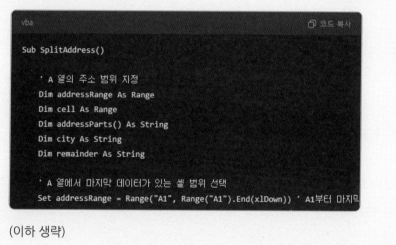

```vba
                                                              코드 복사

Sub SplitAddress()

    ' A 열의 주소 범위 지정
    Dim addressRange As Range
    Dim cell As Range
    Dim addressParts() As String
    Dim city As String
    Dim remainder As String

    ' A 열에서 마지막 데이터가 있는 셀 범위 선택
    Set addressRange = Range("A1", Range("A1").End(xlDown)) ' A1부터 마지막
```

(이하 생략)

챗GPT는 즉시 매크로를 만들어서 표시해 주었습니다. 다만, 구체적인 지시는 내리지 않은 탓에 주소가 기재된 셀을 A 열로 설정한 매크로로 제시되어 있습니다. 따라서 **작성 중인 리스트에 맞게 셀 위치를 수정해야 합니다**. 이는 생성된 매크로 내에도 주석으로 작성되어 있었습니다.

VBA 코드 부분에는 오른쪽 상단에 '코드 복사'라는 버튼이 있으므로 이 버튼을 클릭합니다. 그러면 코드가 클립보드에 복사됩니다.

그런 다음 실제로 엑셀로 작성하고 있는 고객 목록 파일을 열어서 '개발 도구' 탭 화면에서 'Visual Basic' 버튼을 클릭하여 VBA 편집기를 열고, VBA 편집기가 열리면 메뉴에서 '삽입' - '모듈'을 선택합니다.

모듈 화면이 열리면 [Ctrl] + [V] 키를 눌러 챗GPT에서 복사해 둔 코드를 붙여넣습니다.

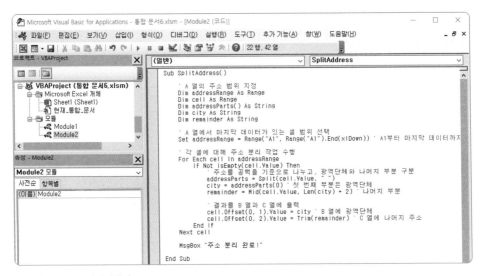

모듈에 코드를 붙여넣기한다.

챗GPT의 답변에도 나와 있듯이 표에 맞게 코드를 변경합니다. 구체적으로 주소가 입력되는 열은 A 열이 아니라 B 열이기 때문에 다음과 같이 수정하였습니다.

```
Set addressRange = Range("B1", Range("B1").End(xlDown))
```

필요한 부분을 변경한 후 시트로 돌아와 매크로 메뉴에서 '매크로' - '매크로 보기'를 선택합니다. 그러면 '매크로' 대화 상자가 열리며 방금 만든 매크로, 여기서는 'SplitAddress'가 표시됩니다. 이 매크로를 선택하고 '실행' 버튼을 클릭해 봅시다.

	A	B	C	D	E	F	G	H
C2	⌄	: × ✓ fx	강남구 테헤란로 123					

	A	B	C	D	E	F	G	H
1	이름	주소		나이				
2	김민수	서울시	강남구 테헤란로 123	29				
3	이지은	부산시	해운대구 우동 456	34				
4	박준호	대구시	중구 동성로 789	27				
5	최수진	인천시	연수구 송도동 101	31				
6	정우성	서울시	용산구 한남동 202	45				
7	김영희	광주시	동구 금남로 303	26				
8	조민재	울산시	남구 삼산동 404	38				
9	송하나	세종시	아름동 505	28				
10	한성호	경기도	성남시 분당구 606	33				
11	서지연	강원도	원주시 태장동 707	30				

매크로를 실행하자 주소가 분할되어 C 열에 광역단체(시/도)를 제외한 주소가 입력되었다.

▼ 자동화의 최대 장점

이제 시트의 표에 있는 주소 열이 광역자치단체와 그 이후의 주소로 나뉘었습니다. 하지만 큰 문제가 있습니다.

분할된 광역자치단체 이하의 주소가 옆의 C 열에 입력된 탓에 원래 있던 C 열의 성별 데이터가 사라져 버린 것입니다. 이래서는 사용할 수 없습니다.

그래서 챗GPT에 지금 매크로를 만들어 달라고 한 것과 같은 채팅에서 다음과 같이 지시했습니다.

> 먼저 C 열 이후의 열을 오른쪽으로 이동하고 C 열을 비워 둬. B 열의 주소 전체를 분할하되, 광역자치단체 단위는 B 열에 입력하고, C 열에는 나머지 주소를 입력하고 싶어. 이렇게 매크로를 수정해 줘.

> 알겠습니다. 요구하신 대로 C 열 이후의 열을 오른쪽으로 이동하고, C 열에 빈칸을 만들어 두고, B 열에 주소 전체를 광역자치단체 단위로 분할하여 입력하도록 매크로를 수정해드리겠습니다.

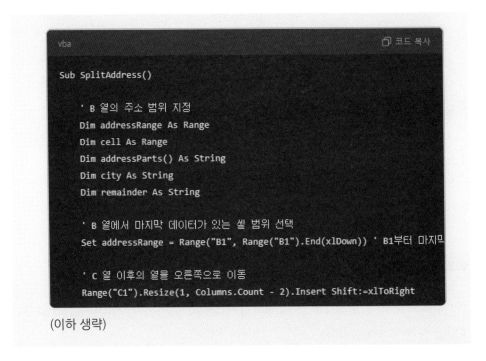

```vba
                                                         코드 복사

Sub SplitAddress()

    ' B 열의 주소 범위 지정
    Dim addressRange As Range
    Dim cell As Range
    Dim addressParts() As String
    Dim city As String
    Dim remainder As String

    ' B 열에서 마지막 데이터가 있는 셀 범위 선택
    Set addressRange = Range("B1", Range("B1").End(xlDown)) ' B1부터 마지막

    ' C 열 이후의 열을 오른쪽으로 이동
    Range("C1").Resize(1, Columns.Count - 2).Insert Shift:=xlToRight
```

(이하 생략)

꽤 세세한 지정이죠? 챗GPT는 명령하는 것만으로도 대부분 대답해 주지만, **지시가 구체적일수록 실수가 적은 답변을 해 줍니다.** 어떤 동작을 구현하고 싶은지, 실제로 작성 중인 표에 맞춰 최대한 상세하게 프롬프트를 작성하는 것이 좋습니다.

이번에도 표시된 코드를 복사하고, 엑셀로 돌아가서 방금 만든 코드를 복사하여 모듈 내의 코드를 모두 삭제하고 새로운 코드로 덮어썼습니다.

이 상태에서 마찬가지로 '매크로' - '매크로 보기'를 선택하고, 나타난 '매크로' 대화 상자에서 'SplitAddress'를 지정하고 '실행' 버튼을 클릭했습니다.

	A	B	C	D	E	F	G	H
1	이름	주소		성별	나이			
2	김민수	서울시	강남구 테헤란로 123	남성	29			
3	이지은	부산시	해운대구 우동 456	여성	34			
4	박준호	대구시	중구 동성로 789	남성	27			
5	최수진	인천시	연수구 송도동 101	여성	31			
6	정우성	서울시	용산구 한남동 202	남성	45			
7	김영희	광주시	동구 금남로 303	여성	26			
8	조민재	울산시	남구 삼산동 404	남성	38			
9	송하나	세종시	아름동 505	여성	28			
10	한성호	경기도	성남시 분당구 606	남성	33			
11	서지연	강원도	원주시 태장동 707	여성	30			

수정한 매크로를 실행하면 올바르게 주소가 분할된다.

이렇게까지 해도 아직 오류가 나오거나 제대로 동작하지 않는 경우도 있을 겁니다. 챗GPT는 질문이나 프롬프트에 따라 답변이 매번 다르게 나오기 때문에 이 책에 소개된 화면과 다른 답변이 표시되는 경우가 대부분입니다.

하지만 **매크로를 만들어 달라고 하고, 오류가 발생하면 다시 챗GPT에 보고하고 수정을 요청**하는 절차를 몇 번 반복하면 제대로 동작하는 매크로를 만들 수 있을 것입니다.

이렇게 만든 매크로가 여러분의 엑셀 작업을 자동화해 줍니다. 자동화하고 남은 시간은 챗GPT에 질문하고 시도해 보세요.

시행착오를 반복하는 시간보다 훨씬 더 오랜 시간 동안 다른 일을 할 수 있게 될 것입니다. 이것이 자동화의 가장 큰 장점입니다.

메모

이 장에서는 엑셀 작업의 자동화를 구현하기 위해 챗GPT에 질문하여 매크로 작성을 요청하는 작업을 수행한다. 다른 항목에서도 마찬가지로 챗GPT에 지시하여 매크로를 생성하고, 코드를 복사 및 붙여넣기하여 매크로를 실행하는 작업을 수행해야 한다. 자세한 조작은 본 항목에서만 설명하지만 작업 절차는 거의 같다.

엑셀로 작성한 표를 회의 자료 등을 위해 PDF 형식으로 내보내거나 인쇄를 위해 PDF로 변환하는 경우가 있습니다. 요즘은 어느 기업에서나 DX화를 위해 페이퍼리스가 이루어지고 있고, PDF 형식으로 파일로 저장하는 경우가 많을 테죠.

엑셀 파일을 PDF로 저장하는 것은 크게 번거로운 작업은 아닙니다. 엑셀 파일을 연 상태에서 '파일' 메뉴에서 '다른 이름으로 저장'을 선택하고, 나타나는 대화 상자의 '파일 형식' 란에서 'PDF'를 지정하여 파일을 저장하면 되니까요.

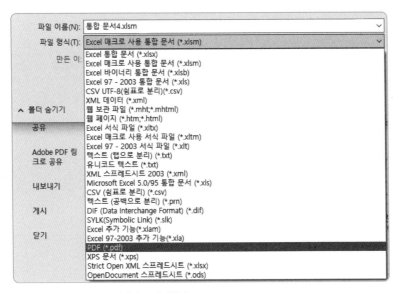

파일 형식으로 'PDF' 를 선택하고 저장한다.

▼ 한 번의 조작으로 여러 작업을 끝낸다

이 작업을 매크로로 실행하더라도 메뉴에서 매크로를 선택하고 실행하는 작업을 수행해야 하므로, 그 번거로움은 크게 다르지 않을 것입니다.

하지만 예를 들어 PDF로 변환한 후 파일 이름도 변경하고 싶은 경우나 여러 장의 시트가 있는 파일의 모든 시트를 PDF로 저장하고 싶은 경우 등 기업이나 부서, 업무에 따라 요구사항도 각각 다를 것입니다. 수작업이라면 이러한 요구사항을 충족하기 위해 여러 작업이 필요하지만, **필요한 작업을 매크로화하면 한 번의 동작으로 여러 작업을 완료할 수 있습니다**.

예를 들어, 여기서는 열려 있는 시트를 PDF로 변환하고 파일명을 변경하여 저장하는 작업을 매크로로 작성해 보겠습니다. 또한 파일명은 기존의 파일명이 아니라 PDF로 변환하여 저장할 때 별도 입력을 요구하도록 해 봅시다. 챗GPT에 다음과 같이 지시해 보았습니다.

> 🔍 엑셀에서 열려 있는 파일을 PDF로 변환하고 파일 이름을 변경하여 저장하고 싶어. PDF로 변환하여 파일을 저장하기 전에 파일 이름을 입력하는 대화 상자를 표시하고, 입력한 파일 이름으로 PDF 파일을 저장하는 매크로를 작성해 줘.

> ◎ 엑셀에서 열려 있는 파일을 PDF로 변환하고, 파일 이름을 변경하여 저장하는 매크로는 다음과 같은 VBA 코드를 사용하여 작성할 수 있습니다. 이 매크로는 사용자가 PDF 파일의 이름을 입력할 수 있는 대화 상자를 표시하고, 입력한 이름으로 PDF 파일을 저장합니다.

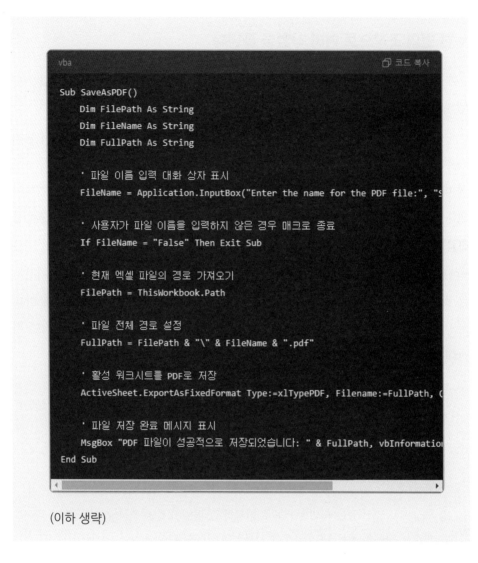

```vba
vba                                                    □ 코드 복사
Sub SaveAsPDF()
    Dim FilePath As String
    Dim FileName As String
    Dim FullPath As String


    ' 파일 이름 입력 대화 상자 표시
    FileName = Application.InputBox("Enter the name for the PDF file:", "S

    ' 사용자가 파일 이름을 입력하지 않은 경우 매크로 종료
    If FileName = "False" Then Exit Sub

    ' 현재 엑셀 파일의 경로 가져오기
    FilePath = ThisWorkbook.Path

    ' 파일 전체 경로 설정
    FullPath = FilePath & "\" & FileName & ".pdf"

    ' 활성 워크시트를 PDF로 저장
    ActiveSheet.ExportAsFixedFormat Type:=xlTypePDF, Filename:=FullPath, (

    ' 파일 저장 완료 메시지 표시
    MsgBox "PDF 파일이 성공적으로 저장되었습니다: " & FullPath, vbInformatior
End Sub
```

(이하 생략)

챗GPT가 작성한 코드를 복사하여 VBA 편집기에서 모듈을 추가하여 붙여넣고 매
크로를 실행해 보았습니다.

매크로를 실행하면 먼저 파일명을 입력하는 대화 상자가 표시되므로 여기에 저장
후의 파일명을 입력합니다. PDF 형식으로 저장되기에 확장자는 '.pdf'가 되므로 여기
서는 확장자를 따로 붙이지 않습니다.

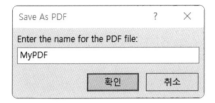

매크로를 실행하면 우선 파일명 입력 대화 상자가 열린다.

파일명을 입력하고 'OK' 버튼을 누르면 매크로를 실행한 파일이 PDF 형식으로 변환되어 저장됩니다. 저장 위치는 열려 있던 엑셀 파일과 동일한 위치이지만, 매크로 내에서 변경할 수 있습니다. 변경할 부분은 다음과 같습니다.

```
' 현재 엑셀 파일의 경로 가져오기
FilePath = ThisWorkbook.Path
```

이 FilePath 항목을 PDF 파일을 저장하고 싶은 위치의 경로로 변경해 둡니다.

이것으로 매크로를 실행하면 열려 있는 엑셀 파일이 PDF로 변경하여 지정한 파일명으로 저장됩니다.

6-04 날짜에 요일을 표시하여 변환

주별, 월별 판매량 및 매출 추이를 파악한다

날짜별 매출액, 상품 판매량 등을 엑셀로 관리하는 회사도 있습니다. 날짜별로 정리되어 있으면 주별, 월별 판매량과 판매액 추이도 알 수 있어 나중에 분석할 때 편리합니다.

이렇게 날짜가 입력된 표에서는 주말이나 평일 분석도 할 수 있으면 편리하겠지만, 이를 위해서는 날짜에 요일이 입력되어 있어야 합니다.

이럴 때는 **표에 입력한 날짜를 요일별 날짜로 변환해 주는 매크로**를 사용해 보세요. 챗GPT에 다음과 같이 지시해 봅시다.

> 🔒 A 열에 날짜가 입력되어 있어. 이 A 열의 날짜를 전부 요일이 포함된 날짜로 변경하는 매크로를 만들어 줘.

> 🌐 A 열의 날짜를 요일이 포함된 형식으로 변환하는 매크로를 작성할 수 있습니다. 예를 들어, "2024-09-04"이라는 날짜가 있다면, "2024-09-04 (수요일)"와 같이 변환됩니다. 이 매크로는 A 열의 첫 번째 셀부터 마지막 셀까지 자동으로 변환합니다.

VBA 매크로 코드

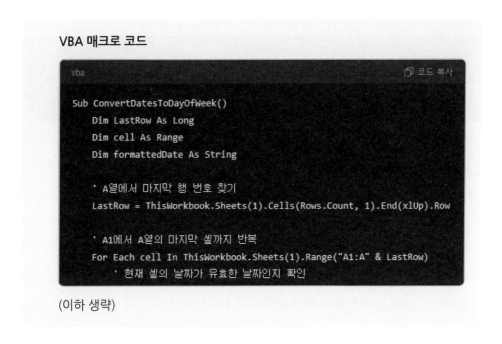

```vba
vba                                                          📋 코드 복사

Sub ConvertDatesToDayOfWeek()
    Dim LastRow As Long
    Dim cell As Range
    Dim formattedDate As String

    ' A열에서 마지막 행 번호 찾기
    LastRow = ThisWorkbook.Sheets(1).Cells(Rows.Count, 1).End(xlUp).Row

    ' A1에서 A열의 마지막 셀까지 반복
    For Each cell In ThisWorkbook.Sheets(1).Range("A1:A" & LastRow)
        ' 현재 셀의 날짜가 유효한 날짜인지 확인
```

(이하 생략)

코드를 복사하여 VBA 편집기에 붙여넣습니다. 특별히 수정할 부분은 없지만, 다음 설명에서는 날짜가 A 열에 들어 있는 경우를 가정하고 있습니다. 만약 다른 열에 입력했다면 표에 맞게 다음 설명의 셀 이름을 변경해야 합니다.

> ' A1에서 A열의 마지막 셀까지 반복
> For Each cell In ThisWorkbook.Sheets(1).Range("A1:A" & LastRow)

이 매크로를 실행하자 A 열에 입력된 날짜가 요일별 날짜로 변경되었습니다.

	A	B	C
1	**날짜**	**상품명**	**판매량**
2	2024-02-25	사과	32
3	2024-02-26	귤	45
4	2024-02-27	바나나	25
5	2024-02-28	수박	39
6	2024-02-29	멜론	47
7	2024-03-01	파인애플	31
8	2024-03-02	키위	23

▶

	A	B	C
1	**날짜**	**상품명**	**판매량**
2	2024-02-25 (일요일)	사과	32
3	2024-02-26 (월요일)	귤	45
4	2024-02-27 (화요일)	바나나	25
5	2024-02-28 (수요일)	수박	39
6	2024-02-29 (목요일)	멜론	47
7	2024-03-01 (금요일)	파인애플	31
8	2024-03-02 (토요일)	키위	23

매크로를 실행하자 날짜에 각 요일이 삽입되었다.

6-05 매크로로 다른 시트에 차트 만들기

자주 사용하는 동작을 매크로로 만든다

수치 데이터가 입력된 표에서는 이러한 수치를 바탕으로 차트를 작성하는 경우도 많을 것입니다. 데이터 표만으로는 어떤 느낌인지 잘 알 수 없더라도 차트로 표현되는 순간, 어떤 경향을 띠고 있는지 선명하게 드러나는 경우가 있습니다. 시각화는 비즈니스에서도 중요합니다.

이렇게 작성 중인 표의 데이터를 바탕으로 이를 **차트로 표현**하는 것은 엑셀이 잘하는 기능입니다. 차트로 만들고자 하는 표를 범위 지정하고, 삽입 탭에서 '차트'를 지정한 후 원하는 차트 종류를 선택하기만 하면 됩니다. 그러면 그에 맞는 차트가 자동으로 만들어집니다.

이 정도의 작업이라면 굳이 매크로로 만들 필요가 없다고 생각할 수도 있습니다. 하지만 오히려 일련의 작업이기 때문에 매크로로 설정해 놓는 것이 평소의 수고를 덜어 줄 수 있습니다.

만드는 도중인 표를 바탕으로 차트를 만드는 매크로를 챗GPT에 만들어 달라고 요청했습니다. 다음과 같이 지시를 내렸습니다.

> 🧑 표가 있는 시트에서 표를 자동으로 선택하고, 이 데이터를 바탕으로 차트를 만드는 매크로를 만들어 줄래? 차트는 별도의 '차트'라는 이름의 시트에 표시해 줘.

> ⊛ 아래는 표가 있는 시트에서 표를 자동으로 선택하고, 이 데이터를 바탕으로 별도의 "차트" 시트에 차트를 생성하는 VBA 매크로 코드입니다. 이 매크로는 표의 범위를 자동으로 인식하고, 해당 범위를 사용하여 차트를 생성합니다.

VBA 매크로 코드

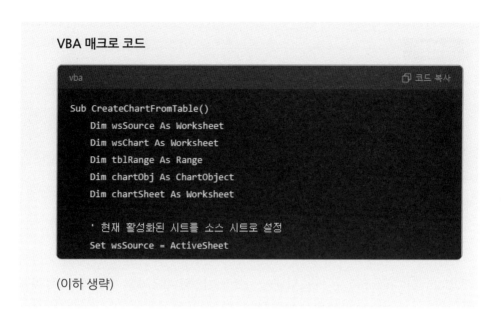

```vba
vba                                                    코드 복사

Sub CreateChartFromTable()
    Dim wsSource As Worksheet
    Dim wsChart As Worksheet
    Dim tblRange As Range
    Dim chartObj As ChartObject
    Dim chartSheet As Worksheet

    ' 현재 활성화된 시트를 소스 시트로 설정
    Set wsSource = ActiveSheet
```

(이하 생략)

▼ 챗GPT라고 해서 별로 대단한 건 없다?

챗GPT가 만들어 준 매크로를 복사하여 VBA 편집기에 붙여넣은 후 매크로를 실행합니다. 오류가 발생하면 챗GPT에 오류를 전달하고 수정을 요청합니다.

챗GPT는 프로그래밍을 잘하는 것으로 알려졌지만, 실제로 VBA 매크로를 작성하게 하면 오류로 인해 작동하지 않는 경우도 많습니다. 이 항목의 매크로도 여러 번 시행착오를 반복한 끝에 겨우 완벽히 동작하는 매크로를 만들 수 있었습니다.

그것만 생각하면 챗GPT라고 해서 별로 대단한 것은 아니라고 낙담하는 사용자도 적지 않을 것입니다. 하지만 VBA 언어를 익혀서 사용할 수 있게 되고 매크로를 직접 만드는 것을 생각하면, 전혀 지식이 없는 상태에서 겨우 몇 번의 시행착오를 거쳐 사용자가 원하는 기능을 구현하는 매크로가 완성되는 것은 역시 놀랍습니다. 제아무리 매크로를 공부해도, 처음부터 스스로 만들어 가며 시도한다면 2~3일이 걸리는 경우도 드물지 않을 것입니다.

챗GPT를 사용하면 매크로를 만드는 작업 자체를 효율화할 수 있을 뿐만 아니라, 그 매크로를 실제로 움직여 활용함으로써 작업의 효율화를 더욱 높일 수 있습니다. 이러한 효율화를 통해 10배 빠른 속도로 성과가 나온다고 해도 과언이 아닐 것입니다.

참고로 매크로로 차트를 만들 때, 차트 종류는 다음 부분에서 지정합니다.

chartObj.Chart.ChartType = xlColumnClustered ' 기본 차트 유형 설정 (여기
 서는 클러스터형 세로 막대형 차트)

'xlColumnClustered'는 세로 막대형 차트의 지정입니다. 다른 종류의 차트, 예를 들어 꺾은선 차트의 경우 xlLine으로, 원형 차트의 경우 xlPie로 바꾸면 원하는 차트가 만들어집니다. 또한 차트 작성 시 차트 종류를 선택하도록 매크로 동작을 추가하는 것도 좋겠죠.

물론 추가할 기능도 앞의 코드에 추가하게끔 챗GPT에 요청하면 됩니다. 이렇게 시행착오를 반복하면서 원하는 대로 동작하는 매크로를 생성하면 나머지는 자동화되어 일상 업무의 효율성도 높아집니다.

여러 부서에서 엑셀로 표를 만들면 나중에 보기 편하다는 장점도 있지만, 가장 큰 장점은 다양한 집계가 가능하다는 점입니다.

예를 들어, 여러 개의 매장을 운영하면서 각 매장의 상품과 판매량을 날짜별로 정리하여 엑셀 표로 만들어 놓았다고 가정해 봅시다. 이 표를 바탕으로 매장별 상품 판매량이나 전체 매장의 상품별 판매량을 집계하여 표시하는 등의 작업을 쉽게 할 수 있습니다.

이를 집계하기 위해서는 엑셀의 기능을 최대한 활용해야 하는데, 엑셀 조작에 그다지 익숙하지 않은 사용자라면 어떤 함수를 활용하고 어떻게 설정해야 할지 막막할 수 있겠죠.

이것도 챗GPT에서 매크로로 만들어 봅시다. 상품별, 매장별로 매크로를 여러 개 만들어도 좋고, 여러 개의 집계를 한꺼번에 표시하는 매크로를 만들어도 좋습니다. 챗GPT에 다음과 같이 지시해 보았습니다.

	A	B	C	D	E	F	G	H
1	날짜	매장명	상품명	판매량			집계	판매량
2	2024-02-01	종로	양배추	45			양배추	
3	2024-02-02	성수	토마토	23			토마토	
4	2024-02-03	강남	양상추	56			피망	
5	2024-02-04	홍대	당근	78			양상추	
6	2024-02-05	여의도	무	39				
7	2024-02-06	잠실	배추	20				
8	2024-02-07	성수	브로콜리	61				
9	2024-02-08	강남	피망	82				
10	2024-02-09	홍대	가지	43				

작성 중인 표. 커서 위치 왼쪽 옆의 상품명별로 판매량을 집계하는 매크로를 만들고 싶다.

> 아래는 엑셀에서 지정한 상품명의 판매량을 집계하여 현재 커서 위치의 셀에 입력하는 VBA 매크로 코드입니다. 이 매크로는 A 열에 날짜, B 열에 매장명, C 열에 상품명, D 열에 판매량이 입력된 표를 기준으로 동작합니다.

VBA 매크로 코드

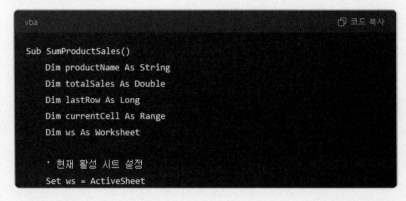

```vba
Sub SumProductSales()
    Dim productName As String
    Dim totalSales As Double
    Dim lastRow As Long
    Dim currentCell As Range
    Dim ws As Worksheet

    ' 현재 활성 시트 설정
    Set ws = ActiveSheet
```

(이하 생략)

챗GPT가 생성한 매크로를 '코드 복사' 버튼을 클릭하여 복사하고, VBA 편집기를 실행하여 모듈을 추가하여 붙여넣습니다.

이 상태에서 표 오른쪽에 작성해 둔 상품명 바로 옆 셀에 커서를 가져다 대고 매크로를 실행합니다.

챗GPT는 이 지시를 통해 한 번에 제대로 작동하는 매크로를 만들어 주었습니다. 어떤 동작을 하는 매크로인지, 기본 표는 어떻게 만들어졌는지, 이를 세밀하게 지정하면 챗GPT의 답변의 정확도가 높아집니다.

	A	B	C	D	E	F	G	H
1	날짜	매장명	상품명	판매량			집계	판매량
2	2024-02-01	종로	양배추	45			양배추	127
3	2024-02-02	성수	토마토	23			토마토	59
4	2024-02-03	강남	양상추	56			피망	
5	2024-02-04	홍대	당근	78			양상추	
6	2024-02-05	여의도	무	39				
7	2024-02-06	잠실	배추	20				
8	2024-02-07	성수	브로콜리	61				
9	2024-02-08	강남	피망	82				
10	2024-02-09	홍대	가지	43				

매크로가 실행되며 커서 위치 왼쪽 옆에 입력된 상품명의 합계 판매량이 커서 위치에 입력되었다.

포인트

몇 가지 매크로를 만들도록 요청해 보면 챗GPT에 어떻게 지시하면 좋을지 그 요령도 점점 알게 된다. 작은 매크로나 간단한 동작의 매크로 등을 많이 만들어 보고, 프롬프트에 어떻게 지정하면 좋을지 그 요령을 익히자.

6-07 집계 결과를 다른 시트에 표로 정리하기

집계 작업을 더욱 자동화한다

앞 항목의 매크로에서는 작성된 표를 바탕으로 상품명별로 판매량을 집계하고, 그것을 하나씩 커서 위치의 셀에 입력했지만, 이를 조금 더 자동화해 봅시다.

Sheet1 시트에 집계의 바탕이 되는 표를 만들었지만, 집계 결과는 '집계 결과'라는 시트를 만들어 두고, 여기에 상품명별 표를 만들어 여러 상품의 판매량을 집계한 표를 만들어 봅시다. 이러한 방식을 사용하면 집계 작업도 훨씬 수월해집니다.

챗GPT에 다음과 같이 지시했습니다.

> A 열에 날짜, B 열에 매장명, C 열에 상품명, D 열에 판매량을 입력한 표가 있어.
> 이 표를 바탕으로 Sheet2의 표 A 열에 입력된 상품명별로 판매량을 집계하여
> Sheet2의 B 열의 각 셀에 입력하는 매크로를 만들어 줘.

> 물론입니다! A 열에 날짜, B 열에 매장명, C 열에 상품명, D 열에 판매량이 입력된 표가 있는 시트에서 상품명별로 판매량을 집계하고, 결과를 Sheet2의 A 열에 있는 상품명별로 B 열에 입력하는 매크로를 작성할 수 있습니다.
> 다음은 이 작업을 수행하는 VBA 매크로 코드입니다:

VBA 매크로 코드

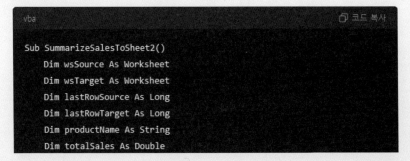

```vba
Sub SummarizeSalesToSheet2()
    Dim wsSource As Worksheet
    Dim wsTarget As Worksheet
    Dim lastRowSource As Long
    Dim lastRowTarget As Long
    Dim productName As String
    Dim totalSales As Double
```

```
    Dim cell As Range
    Dim targetRange As Range

    ' 소스 시트와 대상 시트 설정
    Set wsSource = ThisWorkbook.Sheets("Sheet1") ' 데이터가 있는 시트 이름
    Set wsTarget = ThisWorkbook.Sheets("Sheet2") ' 결과를 출력할 시트 이름
```
(이하 생략)

챗GPT가 생성한 매크로 코드를 복사한 후 해당 엑셀에서 VBA 편집기를 실행하여 모듈에 붙여넣습니다. 코드 안에는 데이터가 들어 있는 시트 이름, 집계 결과를 출력할 시트 이름, 상품명이 들어있는 열, 판매량을 입력할 열 등이 입력되어 있습니다. 실제 표에 맞게 필요에 따라 이 부분을 변경합니다.

VBA 편집기에 코드를 붙여넣은 후 집계하고자 하는 표를 입력한 시트로 돌아가서 매크로를 실행합니다. 매크로가 제대로 작동하며, Sheet1의 표를 바탕으로 상품명별 판매량을 집계하고, 그것이 Sheet2에 입력되었습니다.

	A	B	C	D
1	날짜	매장명	상품명	판매량
2	2024-02-01	종로	양배추	45
3	2024-02-02	성수	토마토	23
4	2024-02-03	강남	양상추	56
5	2024-02-04	홍대	당근	78
6	2024-02-05	여의도	무	39

데이터를 입력 중인 표가 있는 Sheet1 시트

	A	B	C	D
1	집계	판매량		
2	양배추	127		
3	토마토	59		
4	피망	169		
5	양상추	85		
6				

매크로가 작동하여 Sheet2에 상품명별로 집계가 작성되었다.

상품명이나 매장명별로 집계하는 기능을 매크로에 추가하면, 매크로를 실행하는 것만으로 일상적으로 하던 작업을 즉시 처리할 수 있습니다.

같은 작업을 엑셀의 기능을 이용해 수작업으로 행하거나 Sheet2의 집계표에 함수를 입력해 구현하는 방법도 있지만, 먼저 챗GPT를 이용해 매크로를 작성하고 이를 삽입해 두는 것이 훨씬 수월할 테죠.

엑셀의 자동화는 작업을 쉽게 하기 위한 방법입니다. 챗GPT를 통해 그 편리한 방법을 어떻게 활용하면 좋을지 물어보고, 이를 통해 업무의 효율성과 생산성을 높일 수 있는 방법을 찾아 보시기 바랍니다.

6-08 집계 결과를 차트로 표시하기

차트를 자동으로 작성한다

매크로를 통해 상품별 또는 매장별 집계를 쉽게 구현할 수 있게 되면, 이 집계표를 이용해 **자동으로 차트를 만드는 기능**도 추가하고 싶어집니다.

드라마 등에서 자주 볼 수 있는 장면 중 하나가 영업부에서 영업 실적을 막대 그래프로 만들어 벽에 붙여놓고 직원들의 사기를 북돋아 주는 장면이 있습니다. 그런 영업 실적 막대 그래프를 자동으로 만들어 보고자 합니다.

챗GPT에 다음과 같이 지시했습니다.

> 🧑 Sheet2의 표를 바탕으로 세로 막대형 차트를 작성하여 Sheet3에 표시하는 매크로를 만들어 줘.

> 🌐 물론입니다! Sheet2의 표를 바탕으로 세로 막대형 차트를 생성하고, 이를 Sheet3에 표시하는 매크로를 작성하겠습니다.

VBA 매크로 코드

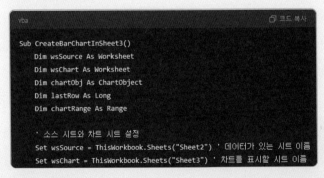

```vba
Sub CreateBarChartInSheet3()
    Dim wsSource As Worksheet
    Dim wsChart As Worksheet
    Dim chartObj As ChartObject
    Dim lastRow As Long
    Dim chartRange As Range

    ' 소스 시트와 차트 시트 설정
    Set wsSource = ThisWorkbook.Sheets("Sheet2") ' 데이터가 있는 시트 이름
    Set wsChart = ThisWorkbook.Sheets("Sheet3") ' 차트를 표시할 시트 이름
```

(이하 생략)

물론 이 매크로도 금방 만들어 주었습니다. 답변의 코드 부분을 '코드 복사' 버튼을 클릭하여 복사하고, 해당 엑셀 파일에서 VBA 편집기를 실행하여 모듈을 추가한 후 붙여넣으면 됩니다.

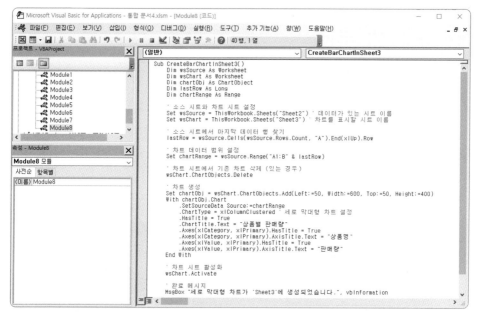

VBA 편집기에서 모듈을 추가하여 코드를 붙여넣는다.

▼ 일련의 흐름을 매크로화하기

코드를 붙여넣었으면 실제로 작동시켜 봅시다. 제대로 작동하며 차트가 표시되면 완료입니다.

이 매크로는 '매크로로 다른 시트에 차트 만들기(228페이지)'에서 만든 차트화 매크로와 동일한 매크로를 사용해도 됩니다. 어차피 같은 매크로라면 앞선 항목에서 만든 집계 매크로와 합쳐서 하나의 매크로로 만들어 보는 것은 어떨까요? Sheet2에 만든 표에 따라 각 매장의 판매량을 집계한 표를 만들고, 이 표를 바탕으로 차트를 만드는 일련의 흐름을 하나의 매크로로 만들어 보는 것입니다.

같은 채팅 내에서는 대화를 계속 이어가면서 하나의 매크로로 묶어 달라고 지시할 수 있지만, 다른 채팅으로 지시하려면 다음과 같이 지정합니다.

> 👤 A 열에 날짜, B 열에 매장명, C 열에 상품명, D 열에 판매량을 입력한 표가 있어. 이 표를 바탕으로 Sheet2의 표 A 열에 입력된 상품명별로 판매량을 집계하여 Sheet2의 B 열의 각 셀에 입력한 후에, Sheet2의 표를 바탕으로 세로 막대형 차트를 작성하여 Sheet3에 표시하는 매크로를 작성해 줘.

> 🔘 물론입니다! 주어진 작업을 수행하는 매크로는 다음과 같습니다:
>
> 1. Sheet1에서 날짜, 매장명, 상품명, 판매량이 입력된 표를 바탕으로 Sheet2의 상품명별로 판매량을 집계하여 Sheet2의 B 열에 각 상품별 판매량을 입력합니다.
> 2. 그런 다음 Sheet2의 데이터를 바탕으로 Sheet3에 세로 막대형 차트를 생성합니다.
>
> 아래는 이 작업을 수행하는 VBA 매크로 코드입니다:

```vba
Sub AggregateSalesAndCreateChart()
    Dim wsSource As Worksheet
    Dim wsTarget As Worksheet
    Dim wsChart As Worksheet
    Dim lastRowSource As Long
    Dim lastRowTarget As Long
    Dim cell As Range
```

(이하 생략)

이제 Sheet1에 작성한 상품별 판매량 표를 바탕으로 Sheet2에 상품별 판매량 집계표를 작성하고, 이 집계표를 바탕으로 세로 막대형 차트를 작성하여 Sheet3에 표시하는 일련의 작업을 자동화하는 매크로가 완성되었습니다.

그런데 이 매크로를 작성할 때도 몇 번이고 시행착오를 반복할 필요가 있었습니다. 앞서 만든 집계 매크로와 다음에 만든 차트화 매크로를 단순히 합친 후에 중간의 'Sub CreateBarChartInSheet3()' 행이나 매크로를 종료하는 'End Sub' 행을 삭제, 조정하는 것만으로도 역시 이 일련의 동작을 한 번에 실행하는 매크로로 만들 수 있으니, 그러는 편이 더욱 빨랐을 수도 있습니다.

챗GPT는 만능이 아닙니다. 프롬프트를 작성하는 방식에 따라 매크로라고 해도 제대로 동작하지 않는 코드를 답변할 수도 있습니다. 이런 점을 감안하고 시행착오를 반복하며 제대로 작동하는 매크로로 수정하거나, 구현하고자 하는 기능을 세분화하여 풀어보고 세부적인 부분을 챗GPT에 작성하게 한 후, 마지막에 직접 매크로로 정리하여 하나의 매크로로 만드는 방법도 있습니다.

실제로 챗GPT에서 매크로를 만들어 보면서 제대로 동작하는 매크로가 되도록 매크로 작성 방법을 적절히 변경해 나가는 것도 좋습니다.

챗GPT가 만든 매크로가 작동하지 않는다고 한탄하는 것은 챗GPT에 너무 많이 의존하게 되었다는 뜻입니다. 현명한 사용자라면 챗GPT를 유용한 도구로 잘 활용할 필요가 있겠죠.

챗GPT에는 일부 제한 사항이 있는 무료 버전과 모든 기능을 제한 없이 사용할 수 있는 유료 버전인 챗GPT Plus가 있습니다. 무료 버전으로도 대부분의 기능을 사용할 수 있기에 매달 20달러를 내며 유료 버전을 사용할 만큼 활용도가 높지 않은 분도 분명 있을 테죠. 지불한 금액만큼 챗GPT를 활용할 수 있을지 몰라 망설이는 분도 있을 테고요.

그런데 마이크로소프트에서도 챗GPT보다 2개월 늦은 2023년 1월 자사의 검색 서비스인 Bing에 대화형 생성 AI 기능을 탑재하였으며, 2024년부터는 Microsoft Bing 내에서 대화형 텍스트 생성 서비스인 **Copilot** 서비스를 제공하고 있습니다.

이 Copilot은 내부적으로 챗GPT의 유료 버전인 GPT-4를 채택하고 있으며, 인터넷 검색을 통해 새로운 정보까지 검색하여 텍스트를 생성할 수 있도록 되어 있습니다.

즉, 챗GPT를 사용하든, 마이크로소프트의 Copilot을 사용하든 결국 AI가 생성하는 답변에는 큰 차이가 없다고 생각해도 무방합니다. 물론 시스템이 다르기 때문에 표시되는 답변에는 차이가 있지만, Copilot에서 사용하는 언어 모델은 챗GPT 모델을 바탕으로 하므로 내용이나 정확도에는 큰 차이가 없다고 봐도 좋습니다.

한편, 구글에서도 유사한 대화형 텍스트 생성 서비스인 Bard를 출시한 바 있습니다. 특히 구글의 Bard는 언어 모델로 LaMDA를 채택하였기에 챗GPT가 GPT를 채택한 것과는 다른 언어 모델을 이용합니다.

그런데 이 LaMDA는 GPT보다 성능이 떨어지고 답변에도 문제가 많은 탓에 구글은 2023년 12월에 새로운 언어 모델인 Gemini(제미나이)를 발표했고, 2024년부터는 Gemini로 텍스트 생성을 위한 서비스를 제공하고 있습니다.

이처럼 현재 다양한 생성형 AI가 출시되어 있습니다. 여러 서비스를 직접 사용해 보고 어떤 서비스를 이용하는 것이 자신의 업무와 더욱 적합한지 시험해 보는 것도 좋지 않을까 싶습니다.

▼ Copilot 제공 개시

한편 마이크로소프트는 다른 서비스에도 Copilot을 제공하고 있습니다. 이는 챗GPT를 활용한 AI 어시스턴트로, Windows와 Office 365에도 내장되어 엑셀, 워드, 파워포인트 등의 앱 내에서도 생성형 AI를 활용해 다양한 기능을 구현할 수 있습니다.

또한 2023년 말부터는 마이크로소프트사가 안드로이드용, iOS용 Microsoft Copilot 앱을 배포하기 시작했습니다. 이 앱은 안드로이드 스마트폰이나 아이폰 등에서 챗GPT사의 AI 모델을 이용할 수 있는 앱입니다. 스마트폰만 있으면 누구나 이 앱을 사용하여 Copilot을 사용할 수 있게 된 것입니다.

아이폰용 Microsoft Copilot 앱

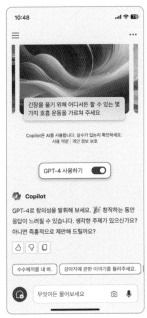

대화형 텍스트 생성 AI도 이용할 수 있다.

텍스트뿐 아니라 이미지 생성도 가능하다.

챗GPT 서비스가 시작된 이후, 생성형 AI가 큰 붐을 일으키고 있습니다. 이대로라면 일시적인 붐으로 끝나지 않고 생활 속에 깊숙이 스며들게 될 것입니다. 물론 비즈니스나 업무에도 침투하여 생성형 AI 없이는 업무를 진행할 수 없는 시대가 올 것이 분명합니다. 그리고 챗GPT 외에도 다양한 생성형 AI가 생겨나고, 사용자들은 그 홍수 속에서 현명하게 선택해 사용하는 시대가 올 것입니다.

새로운 진화, 새로운 일, 새로운 시대를 살아가기 위해 생성형 AI의 선두주자인 챗GPT를 익혀서 업무와 생활 속 유용한 도구로 활용해 보시기 바랍니다.

찾아보기

찾아보기

업무 효율이 10배 오르는
챗GPT X 엑셀 활용법

초판 1쇄 인쇄 2024년 12월 10일
초판 1쇄 발행 2024년 12월 15일

저자 : 다케이 가즈미 | 번역 : 구수영 | 펴낸이 : 이동섭

책임편집 : 송정환 | 본문 디자인 : 강민철 | 표지 디자인 : Nu:n
기획편집 : 이민규, 박소진 | 영업·마케팅 : 조정훈, 김려홍
e-BOOK : 홍인표, 최정수, 서찬웅, 김은혜, 정희철 | 관리 : 이윤미

㈜에이케이커뮤니케이션즈
등록 1996년 7월 9일(제302-1996-00026호)
주소 : 08513 서울특별시 금천구 디지털로 178, 1805호
TEL : 02-702-7963~5 FAX : 0303-3440-2024
홈페이지 : http://www.amusementkorea.co.kr
원고투고 : tugo@amusementkorea.co.kr

ISBN 979-11-274-8407-1 13000

作業効率が10倍アップする！ChatGPT×Excelスゴ技大全
(Sagyokoritsu ga 10bai Up Suru！ChatGPT×Excel Sugowazataizen : 8534-7)
© 2024 Kazumi Takei
Original Japanese edition published by SHOEISHA Co.,Ltd.
Korean translation rights arranged with SHOEISHA Co.,Ltd. through Digital Catapult inc.
Korean translation copyright © 2024 by A.K Communications Inc.